Een licht in de duisternis

Swamini Krishnamrita Prana

Mata Amritanandamayi Center
San Ramon, Californië, Verenigde Staten

Een licht in de duisternis
door Swamini Krishnamrita Prana

Uitgegeven door:
Mata Amritanandamayi Center
P.O. Box 613, San Ramon
CA 94583-0613, Verenigde Staten

–––––––– *A Light in the Darkness – Dutch* ––––––

Copyright© 2019 Mata Amritanandamayi Center,
San Ramon, Californië, Verenigde Staten.
Niets uit deze uitgave mag worden verveelvoudigd, opgeslagen in een geautomatiseerd gegevensbestand, of openbaar gemaakt, in enige vorm of op enige wijze, hetzij elektronisch, mechanisch, door fotokopieën, opnamen, of op enige andere manier, zonder voorafgaande schriftelijke toestemming van de uitgever.

Eerste druk: juni 2019

In Nederland:
www.amma.nl
info@amma.nl

In België:
www.vriendenvanamma.be

In India:
www.amritapuri.org
inform@amritapuri.org

Inhoud

Inleiding		7
1.	Leren dienen	13
2.	Een ster worden	21
3.	Liefdesbrief	29
4.	Leren glimlachen	35
5.	De beslissing om te dienen	43
6.	Nooit alleen	51
7.	Goed gedaan!	63
8.	Op zoek naar liefde	71
9.	Net als Arjuna	79
10.	Geweld overwinnen	87
11.	De wanhoop van een gebroken hart	97
12.	Het genezen van een trauma	107
13.	Durga zit in je	115
14.	Voor het leven kiezen	125
15.	Kiezen voor het licht	135
16.	Echte yoga	141
17.	Een doos vol vasana's	151
18.	Vrede vinden	161

Leg je lege handen in de mijne.
Toon me je verborgen littekens
En als je vleugels gebroken zijn,
Neem dan die van mij,
Dan kun je de jouwe uitslaan.
Ik zal naast je staan.

Tranen vormen een caleidoscoop in je ogen,
Ik weet dat je pijn lijdt, net als ik.
Liefste, als je vleugels gebroken zijn,
Leen dan die van mij,
Dan kun je de jouwe uitslaan.
Ik zal naast je staan.

Jij bent alles waarvan ik niet wist
Dat ik het nodig had.
Het hart doet soms pijn als het klopt.
En als je vleugels gebroken zijn,
Zullen we ook dat doorstaan,
Omdat ik naast je zal staan.

Ik neem aan dat je in Waarheid gelooft.
Ik weet dat geloof altijd zal helpen,
zonder eisen, zonder reden.
Ik zal je ogen zijn wanneer de jouwe niet stralen,
Ik zal je armen zijn, als ze te zwaar worden.
Ik zal altijd naast je staan.

Zelfs als we instorten, slaan we ons er doorheen.
Als we de hemel niet kunnen vinden,
zal ik met je door de hel lopen.
Liefste, je bent niet alleen,
omdat ik naast je zal staan.

Bewerkt naar het lied *Stand by You*,
van Rachel Platten

Inleiding

*We kunnen de duisternis alleen verdrijven
door het licht toe te laten.*

— Amma

Vandaag de dag voelen vele mensen zich verloren. Ze worstelen zich door het leven zonder echte liefde of werkelijke begeleiding. Onwaarheid wordt als waarheid voorgesteld en we worden gemakkelijk afgeleid van het juiste pad, het pad van *dharma*. Het is moeilijk om kinderen met spirituele waarden en principes op te voeden, wanneer de wereld ons bestookt met zoveel voorbeelden van het tegendeel.

Te midden van al deze duisternis hebben we licht nodig om ons pad te beschijnen en ons de weg uit het lijden te tonen. Amma is dat licht. Ze voedt ons met de allesomvattende liefde van een moeder en disciplineert ons tegelijk met de wijze lessen van een goeroe.

Haar leven heeft een geheel nieuwe dimensie en betekenis aan het woord 'Amma' (moeder) gegeven. Ze heeft het tot een van de kostbaarste en liefste woorden gemaakt, een woord dat over de hele planeet weerklinkt. Amma houdt onvoorwaardelijk van ons. Ze accepteert ons helemaal met al onze zwakheden en fouten. In de droge woestijn van ons wereldse bestaan brengt ze ons als een frisse wind opnieuw tot leven en brengt ons eenzame leven tot vervulling. Amma is de essentie van alles wat mooi, troostend en kostbaar is.

Het is onmogelijk om de grootsheid van Amma volledig te begrijpen; uiteindelijk kan onze geest niet bevatten wie ze werkelijk is. Maar het is gemakkelijk te zien. Haar grootste wonder is dat ze ons hart kan veranderen. Ze verandert gewone, wereldse mensen ten goede, in mensen die hun leven willen geven om te dienen. Ze heeft dit bij duizenden mensen van alle rangen en standen gedaan.

Verandering is een langzaam proces, dat alleen met oneindig geduld tot stand gebracht kan worden, en toch zal ieder van ons op een dag tot bloei komen. Een volgeling herinnerde me hier onlangs aan met een fantastisch verhaal. Het speelde zich een paar jaar geleden af toen Amma het huis van deze vrouw bezocht na afloop van haar tournee door Australië.

Ze had een oude cactus in een gebroken pot die naast de voordeur van het huis stond. Hij had nooit

Inleiding

gebloeid en was nooit van uiterlijk veranderd in de vele jaren dat hij daar gestaan had. Het gezin was hem in feite vergeten, maar toen Amma op het punt stond het huis binnen te gaan, bukte ze en liefkoosde de cactus eerbiedig en met grote tederheid.

De vrouw schaamde zich een beetje. Ze was in verlegenheid dat ze de cactus niet had weggezet en een mooiere plant ervoor in de plaats had gezet, maar in de opwinding over Amma's bezoek was ze vergeten hem te weg te halen.

Nadat Amma hun huis gezegend had, volgde het gezin haar naar het vliegveld. Toen ze een paar uur na het afscheid weer thuiskwamen, waren ze verbaasd en blij verrast over het wonder dat ze zagen. De eenvoudige cactus in zijn gebroken pot had een uitbarsting van pracht ondergaan. Hij droeg nu een majestueuze kroon van cactusbloemen. Hij had door zijn recente zegening kleur gekregen en bloeide.

Het gezin was helemaal perplex dat hun saaie, oude cactus wonderbaarlijk veranderd was door een eenvoudige aanraking van Amma. De volgende dag werd hij vol trots in een nieuwe pot overgeplant en kreeg een waardige plaats op een zonnig plekje bij hun altaar.

Maar al te vaak lijken wij op die stekelige, oude cactus. We kunnen lange periodes in een toestand van ruzie en prikkelbaarheid blijven steken. Hoewel we zoveel zegeningen ontvangen, weigeren we koppig te veranderen (soms hebben stekelige cactussen meer vermogen tot overgave dan wij). Gelukkig ziet Amma ons nooit als hopeloos. Wonderen van groei en verandering gebeuren overal waar ze komt.

Dit boek beschrijft de geschiedenis van achttien mensen, achttien levens die door Amma zijn veranderd, een voor een, hart na hart. Ieder verhaal is uniek en getuigt van Amma's ware glorie als ze de een na de ander uit zijn lijden haalt en in het licht brengt.

Niet iedereen krijgt in zijn leven te maken met zulke ingrijpende of moeilijke ervaringen als de mensen in deze verhalen, maar er zijn er genoeg die dat overkomt. Dankzij Amma zijn er nu duizenden verhalen over genezing en verandering over de hele wereld. We beginnen met het opschrijven van deze achttien.

Amma leert ons iedere dag om onszelf een beetje te vergeten en in plaats daarvan te denken aan het geven aan anderen. Langzaam, met onmetelijk geduld en grenzeloze liefde, laat Amma ons door haar eigen voorbeeld zien, hoe we tot bloei kunnen komen en een helder licht in de duisternis kunnen worden.

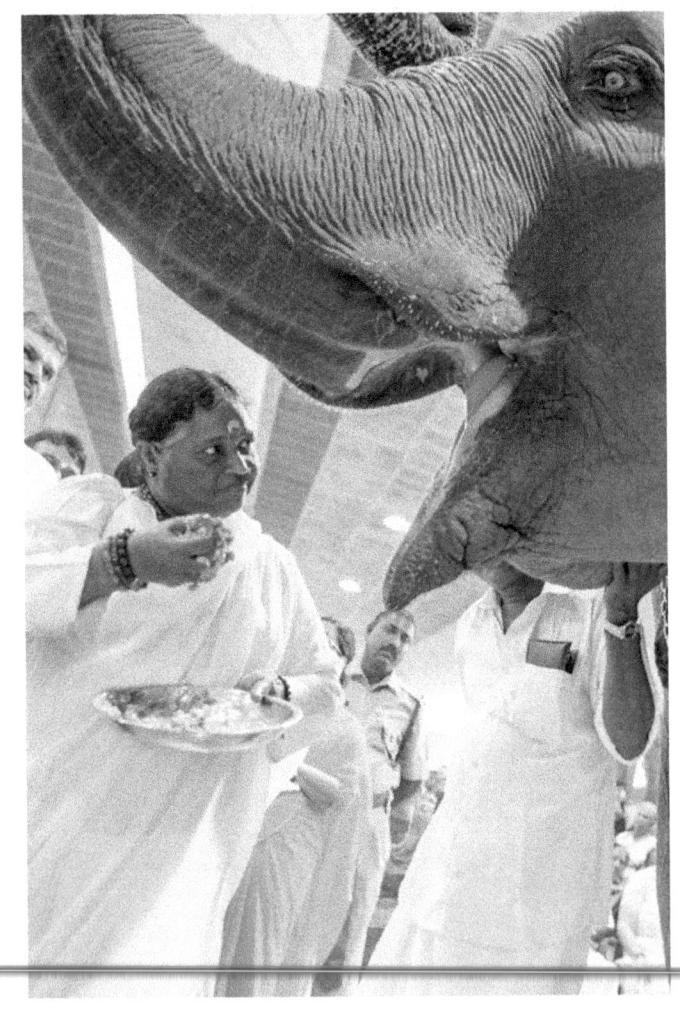

Hoofdstuk 1

Leren dienen

*Op een zachte manier kun je de
wereld wakker schudden*

– *Mahatma Gandhi*

Toen ik twintig was, werd ik verliefd op God. Onze liefde duurde slechts één zomer, maar het was een hartstochtelijke relatie vol vreugde en licht. Telkens wanneer ik in gebed zong, raakte ik in vervoering. De wereld was een mooie plek, vol leven en kleur. God was schitterend, altijd aanwezig en onvoorstelbaar groots.

Tegen het einde van die zomer zette ik een punt achter mijn bevoorrechte leven in het Westen en begon met reizen. Ik bezocht enkele van de armste landen ter wereld.

Ik ging eerst naar Afrika. Mijn vrienden en ik kampeerden bij de Ngorogorokrater in Tanzania, de meest adembenemende plek die ik ooit gezien heb. Wanneer de zon heldergekleurde strepen aan de hemel tekende en een adembenemend portret van God schilderde, danste mijn hart in extase. De maan kwam, het vuur ging uit en we vielen allemaal in slaap.

Die nacht werd onze kampeerplaats aangevallen door een hondsdolle hyena. Een pasgetrouwde vrouw werd gebeten. Ze stierf drie weken later. Kort daarna werd een goede vriendin van me verkracht. De plaatselijke autoriteiten deden niets.

Hoe pijnlijk deze tragedies ook waren, ze waren niets vergeleken bij de armoede. Overal waar we heen gingen, waren vieze, hongerlijdende kinderen die op straat bedelden zonder dat iemand voor hen zorgde. Mensen woonden in huizen die gebouwd waren van afval.

Voor de eerste keer ervoer ik het verdriet van de wereld en ik voelde me ontzettend verraden door mijn Geliefde.

Ik trok van stad tot stad en van land tot land op zoek naar een manier om mijn hart te helen. Telkens wanneer ik verder trok, voelde ik me een poosje blij en vol enthousiasme. Als de ellende weer opdook, trok ik verder, op zoek naar een nieuw avontuur.

Leren dienen

De daarop volgende zes jaar woonde ik in dertien verschillende steden, in zeven verschillende landen op vier verschillende continenten. Ik was getuige van onderdrukking, terrorisme, een burgeroorlog en geweld. Liefde werd een illusie, die verloren was in een gruwelijke wereld.

Mijn hart sloeg met een klap dicht.

Het was duidelijk dat het God niet kon schelen, dus kon het mij ook niet schelen. Als ik mensen hoorde bidden, sloot ik de deur van mijn kamer en huilde.

Ik herinner me dat ik me de middag voordat ik Amma ontmoette, volledig hopeloos en alleen voelde. Ik was er heilig van overtuigd dat liefde niets meer dan lust was en dat God psychisch gestoord was. Er was gewoon te veel pijn in de wereld.

Ik had de hele dag en de dag ervoor naar gewelddadige afleveringen op de tv gekeken en wachtte totdat ik mijn werk op kon geven en naar een andere plaats kon verhuizen. Ik leed aan een milde depressie en een verschrikkelijke angst.

Amma veranderde alles.

Mijn vrienden kregen me die avond alleen de auto in door me om te kopen met beloften als 'verrukkelijke chai'. Ik was bereid mee te gaan, maar maakte hun duidelijk dat ik hier alleen voor de chai heen ging. De hele autorit probeerde ik hun in de oren te knopen: "Dit Amma-gedoe is afgodenverering." Zij zuchtten alleen wat en herinnerden me aan de chai.

Toen liep ze de kamer in: een zeer kleine, mooie vrouw in een zuiver witte sari. Haar huidskleur was die van Krishna. Ze raakte mijn hand aan, mijn hele hand. Ik herinner het me nog steeds.

Toen ik die nacht naar de darshan ging, plantte Amma een zaadje in mijn hart. Ik kon het voelen. In de vierentwintig uur die hierop volgden, ontkiemde het. De volgende dag wilde ik niets anders dan naar haar teruggaan.

Ik ging die nacht weer naar haar darshan en brak in tranen uit. Ik hoorde Amma's stem innerlijk zo duidelijk tot me zeggen: "Mijn lieve dochter, God is niet gestoord, het zijn jouw gedachten die in de war zijn." Ik zat op de plek voor na de darshan en huilde hysterisch. God was tóch mooi. Ik verlangde ernaar om weer dicht bij haar te zijn.

Amma bleef naar me kijken en lachen. Ieder keer dat ze dit deed, lachte ik een ogenblik met haar mee. Dan kwam de intense tranenvloed weer terug, die mijn hele lichaam tot in de kern deed schudden. Ik treurde

Leren dienen

om de jaren die ik in zoveel kwaadheid en pijn verloren had. In de periode voor die darshan was ik volledig vastgelopen en had geen enkele hoop meer, maar nu maakte ze me vrij. Ze keek telkens opnieuw naar me. Haar ogen sprankelden vol vreugde en compassie.

Verscheidene jaren gingen voorbij. Mijn leven veranderde. Iedere keer dat ik Amma zag, verdampte er weer een laag pijn als rook. Laag na laag van lijden gleed van me af.

Ik bezocht Amma's ashram in India. Ik herinner me dat ik tijdens mijn eerste bezoek op de grond zat, bezig met seva, en dat ik dan spontaan de slappe lach kreeg. Ik kon gewoon niet geloven dat de hemel op aarde bestond en dat ik er hier middenin zat.

Amma gaat met het lijden in de wereld om door te dienen. Ze heeft weeshuizen, scholen en charitatieve ziekenhuizen opgezet. Ze bouwt huizen voor de daklozen, geeft voedsel aan hongerlijdende mensen, uitkeringen aan weduwen en over de hele wereld geeft ze hulp na rampen. De lijst van haar charitatieve projecten is eindeloos. Toen ik een wereld vol lijden zag, verloor ik mezelf in wanhopig verdriet. Wanneer Amma lijden ziet, transformeert ze het.

Toen we een paar jaar geleden een tournee door Zuid-India maakten, stopten we een tijdje in een weeshuis van Amma. Deze kinderen hadden niets, maar dankzij Amma hebben ze nu een toekomst vol hoop. Toen Amma zong, stonden ze allemaal op en dansten in gelukzaligheid. Ze staken hun handjes uit en probeerden haar aan te raken en haar te omhelzen. Zij hield hun handen vast, keek diep in hun ogen en danste met hen mee.

Wat ik ben gaan beseffen is dat de problemen in het leven niet eenvoudig zullen verdwijnen. Wij leven in een wereld vol duisternis en pijn. Soms doet het pijn, dat is waar, maar met Amma's genade en het juiste inzicht hoeven we er niet langer voor te kiezen om te lijden.

Als Amma mij in haar armen houdt, wordt de waarheid zo duidelijk: liefde is echt. Ik wist dat niet. Voordat ik Amma ontmoette, had ik nooit liefde ervaren. Zij laat me zien dat, hoe donker de wereld ook is, onder dat alles alleen maar liefde is.

Amma geeft me de kracht die ik nodig heb om iedere dag met vreugde en dankbaarheid tegemoet te treden.

Dankzij Amma is iedere dag een wonder.

Leren dienen

Als journalisten Amma interviewen, praat ze vaak over het lijden dat ze als kind ervoer. Ze wist toen al dat haar leven bedoeld was om de mensheid te verheffen. Wanneer Amma ons voor darshan ontvangt, helpt ze ons om onze eigen innerlijke aard te voelen, het Zelf dat we heel zelden ervaren. Wanneer we Amma ontmoeten, is het alsof we altijd alleen maar prikwater met suiker gedronken hebben om onze dorst te lessen. Maar als we in contact komen met zuiver water, is het zo verfrissend voor ons lichaam, de geest en de ziel. Amma is het zuivere water van onze innerlijke natuur, onze mooie, inspirerende ware natuur.

Men zegt dat Radha in Vrindavan (de geboorteplaats van Krishna) Sri Krishna slechts één keer zag bij de rivier de Yamuna. Maar vanaf dat moment hield ze altijd van Hem. Zo is het ook tussen Amma en ons. Ook al ontvangen we Amma's darshan misschien slechts één keer, ze zal ons nooit vergeten. Ze zal altijd zielsveel van ons houden, tot in alle eeuwigheid.

Hoofdstuk 2

Een ster worden

Breng de schoonheid waarvan je houdt tot uiting.

– Rumi

Vanaf het begin van de middelbare school wilde ik toneelspelen. Ik verlangde naar de romantiek, de schijnwerpers, de pracht, de rijkdom en de roem. Ik wilde op het podium staan voor duizenden mensen en een ster zijn. Ik wilde een prachtige, stralende ster zijn, die helderder scheen dan wat ook op deze aarde.

Ik herinner me nog de eerste keer dat ik naar de schouwburg ging. Het was indrukwekkend en ik wist meteen dat dit was wat ik in het leven wilde.

Toen ik begin twintig was, verhuisde ik naar Californië om mijn droom te realiseren. Ik werkte in toneelgezelschappen en bij productieploegen. Ik werkte als assistent voor regisseurs en begon op te klimmen. Shows waarvoor ik werkte kregen belangrijke onderscheidingen. Ik zag mezelf al schitteren op Broadway en in Hollywood.

Toen werd ik ontslagen. En hoewel het misschien grappig klinkt, was dat het beste wat me had kunnen overkomen. Er is ook een donkere kant aan het toneel, de kant waar ik nu voor terugdeins, maar waaraan ik toen mee moest doen. Het theaterleven is vol pracht, opwindend en verslavend, maar tegelijkertijd zijn er ook de clubs, de alcohol, de drugs, de gevechten en de one-night stands.

De stress in deze bedrijfstak is enorm en de competitie is bij de beesten af. Iedereen aast constant op de volgende show, het volgende optreden, de volgende promotie. Het is een wervelwind van voortdurende verandering en voortdurende audities. Als je het niet aankunt, lig je eruit en ben je vergeten. De feesten waren de manier om je te onderscheiden en gezien te worden. Iedereen deed dat; er was geen keus.

Als een dakloze drugs gebruikt, noemen we hem een drugsverslaafde. Wanneer een filmster hetzelfde doet in de achterkamer van een exclusieve nachtclub, noemen we haar moedig en exotisch.

Als ik wilde netwerken met rijkelui en beroemdheden, moest ik acte de présence geven. De feesten waren de enige manier om gezien te blijven worden en een onderdeel van het wereldje te blijven.

Ik volgde altijd dezelfde tactiek op deze feestjes. Ik zat in de hoek, dronk langzaam een biertje en pronkte met een namaaktrouwring om de verkeerde mensen, zowel mannen als vrouwen, weg te houden. Als een dronken vrouw bij wie de kleren zowat van haar schouders gleden, mij benaderde en om mijn telefoonnummer vroeg, zei ik: "Sorry, mijn man staat hier om de hoek."

Als een louche man mij naar zijn kamer uitnodigde, zei ik: "Sorry, maar mijn vriendin zit thuis op me te wachten." Het antwoord van de gluiperd was altijd hetzelfde: "Lieverd, niemand hoeft het ooit te weten..."

Op een avond werd ik benaderd door een man. Door de drank waren zijn pupillen zo groot als muntstukken. Hij bleef maar aan me zitten. Ik gaf hem een klap. "Donder op, schoft!" schreeuwde ik.

Ik leefde in Sodom en Gomorra. Het had helemaal niets met vroomheid of spiritualiteit te maken. Alles in deze bedrijfstak was buitensporig, verspillend en wellustig. De wereld van amusement, die mensen ooit geïnspireerd had om te dromen, was nu een verspreider van het kwaad geworden,

Om eerlijk te zijn, hier wilde ik nooit iets mee te maken hebben. Mijn kinderdroom had me over een donkere weg geleid. Ik wilde nog steeds heel graag acteren, maar ik wou dat het anders kon. "Er moet iets beter zijn dan dit," bad ik.

Diep van binnen voelde het niet goed. *Ik* voelde niet goed.

Het ontslag redde me. Toen Amma een paar weken later naar mijn stad kwam, was mijn agenda, voor het eerst dat ik me kon heugen, helemaal leeg. Ik ging naar het programma en wist niet wat ik kon verwachten.

Ik had alles wat ik maar wilde: geld, relaties, bekendheid, maar de nacht dat ik Amma ontmoette, veranderde alles, *alles*. Mijn eerste darshan was heerlijker dan de sterkste drug, opwindender dan de succesvolste productie. In die allereerste omarming wist ik eindelijk dat ik dat 'speciale iets' gevonden had waar ik naar gezocht had.

Ik kan niet zeggen dat alles meteen veranderde. Ik worstelde nog met mezelf. Ik wist dat het leven dat ik leidde me leeg en ongelukkig maakte, maar ik kon mijn verlangen om te acteren niet loslaten. Amma kende me door en door en vervulde mijn diepste verlangen op de best mogelijke manier.

Een ster worden

Mijn allerlaatste uitvoering was een toneelstukje tijdens Amma's retraite in San Ramon. Ik had welgeteld één regel en het goddelijkste publiek. Ik was eindelijk een ster: helemaal gezien, bemind en aanbeden op elk mogelijk niveau. Ik voelde haar liefde in de diepste diepten van mijn ziel. Mijn hele leven had ik niets anders dan toneel gewild, maar op dat moment verdween dat verlangen helemaal. Ik was vrij.

Amma haalde mij uit de afgrond van het wereldse. Ik liet het toneel, de feesten, het geld en al die verkleurde dromen achter me. Na die uitvoering had ik ze gewoon niet meer nodig; het verlangen was verdwenen.

Voor mij komt schoonheid niet meer verpakt in het stralende silhouet van een filmster. Nu zie ik schoonheid in Amma's handen, handen die gewijd zijn aan het dienen van de armen en mensen in nood als ze de een na de ander in haar warme omarming trekken.

Ik hoef geen ster meer te zijn die helemaal alleen aan de hemel schittert. Ik ben terug op aarde geland en nu wil ik alleen nog maar dienen.

Een licht in de duisternis

Amma is gekomen om ons naar ons echte thuis te brengen. Dit thuis is dichterbij dan wat dan ook, maar we zijn helemaal vergeten waar we thuishoren, vooral wanneer we ons verliezen in wereldse bezigheden en bedrieglijke dromen. Amma is teruggekomen om ons wakker te schudden opdat we ons bewust worden van de latente Goddelijkheid die in ons leeft. Niet door ons bovenmenselijk te maken, maar door ons weer mens te maken, zodat we onze optimale vermogens kunnen realiseren.

Amma beschouwde haar moeder altijd als haar goeroe. Amma's moeder was ongelooflijk strikt. Ze wees altijd op iedere fout die Amma maakte, maar Amma was dankbaar voor deze training. Omdat Amma zo door haar moeder gedisciplineerd werd, ontwikkelde ze al op jonge leeftijd een hoog niveau van bewustzijn.

Op dezelfde manier doet Amma haar best om ons te leiden en te beschermen, maar als we haar instructies niet opvolgen, zal het leven ons de lessen op de harde manier leren. Zo is het leven gewoon. Maar al te vaak zitten onze verlangens ons in de weg en leiden ze ons op een dwaalspoor.

Amma herinnert ons eraan dat de vonk van zuivere liefde zeer dicht bij ons is. Die zit in ieder van ons, helemaal binnen bereik. Ze probeert ons te inspireren om een beetje verder te reiken dan onze verlangens zodat we de diepere betekenis van het leven kunnen begrijpen. Dit betekent niet dat we moeten ophouden naar onze doeleinden te streven. We kunnen nog steeds aan uiterlijke prestaties werken, maar we mogen niet vergeten dat ze slechts een zeer klein deel van het leven vormen.

Amma wil dat we begrijpen dat de echte beloning in het leven veel bevredigender is dan uiterlijke naam en faam.

Uiteindelijk zijn we liefde. Als we ons deze waarheid herinneren, zal dat de verborgen schatten in ons hart ontsluiten en zullen we vinden waar we altijd naar gezocht hebben.

Hoofdstuk 3

Liefdesbrief

In het zaadje de hele boom zien, dat is geniaal.

– Lao Tzu

Toen mijn man en ik jaren geleden naar de ashram in Amritapuri verhuisden, was alles veel kleinschaliger. Er waren slechts een paar afdelingen: er was geen recycling, geen compostering, geen afvalverwerking en er waren zeker geen tuinen. Er was eenvoudigweg geen infrastructuur om zulke dingen te ondersteunen.

Op een dag hadden mijn man en ik tijdens het middageten een levendige discussie met een vriendin over hoe we de ashram milieuvriendelijker en duurzamer konden maken.

Geïnspireerd door het gesprek besloten we Amma een brief te schrijven waarin we onze verlangens kenbaar maakten. We maakten een lijst van alle ideeën: recycling, compostering, biologisch tuinieren, biologische groenten verkopen, zonnepanelen gebruiken. De lijst werd alsmaar langer. We wilden deze ideeën dolgraag met Amma delen en we hoopten dat ze haar zegen aan een aantal ervan zou geven.

We vroegen een Indiase ashrambewoner om te helpen bij de vertaling van de brief in het Malayalam. Toen ze die las, sloeg haar stemming om. Het was duidelijk dat ze het volstrekt oneens was met wat ze las. Wij begrepen helemaal niet wat er aan de hand was. Toen ze klaar was met lezen, zei ze kwaad dat ze de brief absoluut niet voor Amma wilde vertalen, omdat het niet aan ons was om de goeroe te vertellen wat zij moest doen. Ze gaf ons een fikse uitbrander en liep boos weg.

Op geen enkele manier hadden we de brief als kritiek bedoeld en het was absoluut niet onze bedoeling om Amma te zeggen wat ze moest doen. We wilden haar alleen maar vragen of ze dacht dat deze ideeën voor de ashram van nut zouden kunnen zijn en zo ja, op welke punten we ons dan moesten richten.

We waren zo geschokt en verdrietig door deze reactie dat we besloten om de brief maar helemaal niet aan Amma te geven. We wilden niet oneerbiedig

Liefdesbrief

zijn en ondanks onze goede bedoelingen was onze brief blijkbaar beledigend. Ontmoedigd legde ik de brief onder de foto van de godin Lakshmi op mijn altaartje.

Een paar maanden later zat ik tijdens de Europese tournee in de buurt van Amma te mediteren. Toen ik mijn ogen opende, keek Amma naar me, glimlachte en gebaarde dat ik naast haar moest gaan zitten. Ze sprak in het Malayalam tegen me en de vrouw naast haar vertaalde: "Amma zegt dat ze de brief die je haar gegeven hebt, erg waardeerde."

Ik was helemaal in verwarring. Ik had Amma op deze tour helemaal geen brief gegeven. In feite had ik haar dat hele jaar geen brief gegeven. "Amma," antwoordde ik ernstig, "ik heb u geen brief gegeven." Maar Amma hield vol dat ik haar *wel* een brief gegeven had. Uiteindelijk herinnerde ik me de brief die mijn vriendin, mijn man en ik geschreven hadden over onze ideeën voor de ashram. De brief lag nog steeds precies waar ik hem gelegd had, onder de afbeelding van Lakshmi op mijn altaartje.

Ik vroeg Amma of ze de brief op mijn altaartje bedoelde. Ze antwoordde opgetogen "Ja!" en noemde toen tot in de kleinste details alle punten op waarover we geschreven hadden. Amma zei dat ze al die ideeën erg waardeerde en blij was dat we zochten naar manieren om meer in harmonie met Moeder Natuur te leven.

Vol ontzag en helemaal gelukkig liep ik weg. Hoe kon Amma de details van een brief kennen die ze nooit had gezien?

In de loop der jaren zijn alle ideeën die we in die brief voorstelden gerealiseerd. In plaats van het afval te verbranden zoals dat voorheen gebeurde, verwerkt de ashram nu al het afval: praktisch alles wordt hergebruikt. Er is een afdeling waar men compost maakt om de landbouwgrond rondom de ashram vruchtbaar te maken. We hebben zelfs een gezondheidskliniek waar we biologische kruiden verkopen, waarvan het merendeel in de ashram zelf gekweekt is. Er zijn zonnepanelen op het dak van de grote hal aangebracht en er worden biologische groenten gekweekt op elk beschikbaar lapje grond in de ashram.

Het mooiste is misschien nog wel dat onze programma's en activiteiten nu ook buiten de ashram worden geïntroduceerd. Amma's Amrita Serve programma geeft les in biologische landbouwmethodes in dorpen door heel India. De afdeling waste management geeft cursussen over recycling, organiseert ABC (Amala Bharatam) schoonmaakdagen om vuilnis in heel India op te ruimen en maakt heilige plaatsen en rivieren in heel India schoon, waaronder de heilige rivier de Ganga.

Veel ashrams van Amma in Europa, de VS en Canada hebben biologische groentetuinen en boomgaarden. Ze doen aan permacultuur, gebruiken technieken om water te besparen, houden bijen en geven cursussen over duurzame landbouw.

Amma kent niet alleen ons hart, haar genade heeft tot meer milieuprojecten en initiatieven geleid dan we ons ooit hadden kunnen voorstellen!

Sinds die verbazingwekkende ervaring schrijf ik vaak brieven aan Amma en dan leg ik ze onder haar foto op mijn altaartje. Terwijl ik de brief schrijf, weet ik dat ze de inhoud al kent.

Als ik mijn hart bij Amma uitstort, komt er zonder mankeren altijd een volkomen duidelijk antwoord. Soms komt het in de vorm van een oplossing voor een probleem. Soms komt het in de vorm van een vriend die precies zegt wat ik moet horen.

Hoe de situatie ook is, steeds als we ons tot Amma richten, antwoordt ze altijd vol liefde en genade.

Een licht in de duisternis

Zoals een kind in de baarmoeder gevoed wordt door de energie en voedingsstoffen die door de navelstreng stromen, worden wij gevoed door de genade en de verbinding die we met Amma hebben. Oprechtheid tegenover Amma, ook al is het maar één seconde, geeft haar de mogelijkheid om de inherente goddelijke kracht in ons weer tot leven te brengen.

Afstand is geen hindernis voor de liefde. Als we ons hart gewoon openen, kunnen we een sterke verbinding voelen en haar wijsheid, leiding en genade ontvangen, waar ter wereld we ook zijn. Dit is de wonderlijke kracht van onschuldige, onbaatzuchtige liefde.

Hoofdstuk 4

Leren glimlachen

*Het hart is een instrument met duizend snaren
dat alleen door de liefde gestemd kan worden.*

– Hafiz

Mijn ouders en ik waren immigranten en we woonden in een land dat verschillen niet waardeerde. Mijn familie zag er anders uit, sprak een andere taal, at andere gerechten en had andere gewoonten en rituelen. Het voldoet te zeggen dat ik me nooit welkom voelde toen ik opgroeide.

Toen ik klein was, stond ons huis op een klein eiland. Er waren geen wegen, alleen veerboten. Er stond maar één school op het eiland en die stroomde ieder jaar in de oogsttijd leeg, zodat de kinderen hun ouders konden helpen bij het binnenhalen van de oogst. De plaatselijke bewoners hadden eeuwenlang zo geleefd.

Toen ik oud genoeg was om naar school te gaan, wilden mijn ouders dat ik het hele jaar door onderwijs genoot en daarom stuurden ze me naar een ander eiland. Ik bracht mijn hele jeugd zo door: ik woonde op één eiland en ging naar school op het andere. Wat het nog erger maakte was dat we ieder jaar van het ene huis naar het andere verhuisden en van de ene stad naar de andere.

Ik was eenzaam en vreselijk ongelukkig. Iedere keer als ik een vriendje gemaakt had, was het weer tijd om te vertrekken. Het werd gemakkelijker om op te houden met vrienden te maken. Het enige wat de buren, leraren en andere kinderen ooit over me opmerkten, was dat ik nooit glimlachte.

Dit diepgewortelde verdriet bleef toen ik opgroeide. Ik leed aan ernstige depressies, maar er werd nooit formeel een diagnose gesteld. Niemand kon erachter komen wat er met me aan de hand was.

Toen ik volwassen werd, besloot ik iets te doen aan mijn overweldigende depressies. Ik wist dat ik een probleem had en wilde genezen.

Ik probeerde werkelijk van alles. Ik veranderde telkens opnieuw van baan en van huis. Ik probeerde Qigong, experimenteerde met verschillende diëten en ging naar veel verschillende artsen. Ze vertelden

Leren glimlachen

me allemaal dat ik helemaal gezond was. Ik nam deel aan healing workshops en bezocht therapeuten en maatschappelijk werkers. Ik bestudeerde de geschiedenis van mijn familie om mijn ouders beter te begrijpen en ik ging als vrijwilliger in de politiek om te proberen de wereld te verbeteren.

Niets hielp.

Uiteindelijk kwam ik uit bij religie. Ik klopte op de deur van ieder klooster in mijn dorp, alle elf. Ik belde overal aan en vroeg om een plaats om te verblijven. Elf deuren werden in mijn gezicht dichtgesmeten. Telkens opnieuw kreeg ik te horen: "Er is hier geen plaats voor jou. Zoek maar een kamer in het dorp."

In één klooster liet de verantwoordelijke monnik me één nacht blijven. Toen hij me vertelde dat ik welkom was, barstte ik in tranen uit.

Omdat er geen opties meer over waren, boekte ik een vliegticket naar India. Ik wist niets over spiritualiteit. Het enige wat ik wist was dat ik elf keer afgewezen was. Maar toen ik bij Amma kwam, veranderde alles. Amma verwelkomde mij met open armen. Hoewel ik haar niets te bieden had, nam zij mij op in haar ashram.

Nu is ze begonnen aan me te werken. Ik luister naar haar satsangs en ze geeft me inzicht. Voordat ik naar Amma kwam, was ik een warboel. Ik was zo zwak. Ik wilde genezen, maar ik kon gewoon niet veranderen.

Amma heeft me geleerd dat je vastklampen aan je eigen pijn kan worden vergeleken met het vasthouden van een doornstruik terwijl je tegelijkertijd wanhopig huilt dat het zo'n pijn doet. Wij zijn het die onze pijn niet loslaten. Zo was het met mij. Zo was mijn leven. Ik weet zeker dat Amma oprecht wil dat ik al mijn lijden opgeef, ook al klamp ik me er soms nog erg sterk aan vast. Ze wil dat ik gelukkig ben en verander, meer zelfs dan ikzelf. Ze overlaadt me met meer liefde dan ik ooit gekend heb en houdt veel meer van me dan ik van mezelf houd.

Langzaam en geduldig helpt Amma me te veranderen. Voor het eerst dat ik me kan herinneren, kan ik glimlachen, dankzij Amma.

We brengen heel veel tijd geërgerd en in pijn door. We piekeren over de toekomst en betreuren het verleden.

We zoeken buiten onszelf naar geluk en denken: "Als ik dat zeldzame juweel nu eens kon krijgen, dan zou alles in orde zijn." Maar op de een of andere manier lijkt dat juweel altijd buiten ons bereik te blijven.

Het is erg moeilijk om onze manier van denken te veranderen, want dat vereist dat we helemaal in het huidige moment zijn. Bijna niemand leeft in het heden. Ook al lijkt het zo simpel, het is uiterst moeilijk om te doen, maar moeten we het op zijn minst niet proberen?

Als we in het heden kunnen verblijven, ontdekken we overal de pracht van de schepping, zelfs op de onbelangrijkste plaatsen. Die pracht kan hier gevonden worden, vlak voor ons, waar we het het minst verwachten.

Kijk naar het wonder van een ei of van een zaadje. De perfectie van een appel. Wanneer we het leven zien door de niet oordelende ogen van het huidige moment, zal het geluk dat we de hele tijd zoeken, van binnenuit opborrelen.

Onlangs op het vliegveld gingen een paar van ons met Amma mee naar de lounge terwijl we op onze vlucht wachtten. Nadat ik ervoor gezorgd had, dat Amma comfortabel zat, ging ik terug om mijn tas op te halen, die ik aan een toegewijde gegeven had. Onderweg kwam ik een andere devotee tegen die vol verwachting bij de gate op Amma stond te wachten. Ik zei haar dat ze niet hoefde te wachten, omdat Amma niet opnieuw door dat gebied zou komen. We zouden direct vanuit de lounge instappen. Nadat ik een paar woorden met haar gesproken had, pakte ik mijn tas en ging terug naar de lounge om bij Amma te zitten.

Plotseling stond Amma op en kondigde aan dat ze terug naar de gate wilde gaan om bij alle anderen te zijn. Ik protesteerde een beetje en zei haar dat we direct vanuit de lounge konden instappen. Tien meter verderop was een uitgang die direct naar het vliegtuig leidde. Ik wilde niet dat Amma onnodig de trappen op en af liep. Maar Amma was vastberaden: "Nee, ik wil een tijdje bij mijn kinderen zijn."

Het duurde even voor ik al onze tassen verzameld had en daarom ging Amma alleen naar de groep terug. De toegewijde met wie ik eerder gesproken had, stond alleen in de gang. Tot haar verbazing liep Amma de hoek om en groette haar.

Toen ik twee minuten later voorbijliep, staarde ze mij verrukt aan en brabbelde iets wat ik niet echt begreep. Ik wilde wel luisteren maar moest doorlopen om Amma bij te houden.

Een paar dagen later stuurde ze me een email waarin ze uitlegde waarom ze geen samenhangende zinnen kon vormen toen ik haar op het vliegveld had gezien. Ze schreef:

"WOW, WOW, WOW! Wat een genade. Ik was een paar seconden met Amma alleen. Ze groette me, keek naar me en raakte mijn hand aan. Ik was in de zevende hemel: het voelde als een droom die uitkwam! Wat een geluk om alleen met Amma te zijn en dan in hetzelfde vliegtuig te reizen. Ik voel het nog steeds!"

Wanneer spiritualiteit op ons pad komt, wordt het het belangrijkste in ons leven. Als we naar de wereld kijken door de ogen van de liefde, kan iets kleins als een simpele aanraking of een paar woorden, ons hart doen opstijgen. In Amma's directe aanwezigheid ontvangen we zoveel onvoorstelbare vreugde en gelukzaligheid. Maar Amma wil dat we naar dat allerhoogste, blijvende geluk in onszelf streven: de mogelijkheid om altijd bij haar te zijn, in ons hart.

Als we proberen God in iedereen en alles te zien, zullen we vrede en gelukzaligheid vinden, waar de omstandigheden van het leven ons ook heen brengen.

Hoofdstuk 5

De beslissing om te dienen

Duizenden kaarsen kunnen met één kaars aangestoken worden.

– Boeddha

Mijn leven is altijd chaotisch geweest. Ik wist dat ik mensen wilde helpen, maar ik kon nooit bedenken hoe precies. Het was een vaag verlangen, een beetje verward en onuitgesproken, maar altijd aanwezig.

Ik begon mijn carrière als toneeldocent, wat ik een paar jaar deed. Toen verhuisde ik naar een vissersboot en woonde tien jaar op de Middellandse Zee. Ik bracht mijn dagen en nachten door met diepzeeduiken. Daarna probeerde ik een carrière als beeldhouwer. Na drie jaar besloot ik mijn atelier te verkopen; het was tijd om verder te gaan. Op dat moment had ik de keuze om een auto te kopen of anderhalf jaar bij Amma in India door te brengen. Ik koos voor India.

Mijn tijd bij Amma was buitengewoon mooi. Zij opende mij de ogen. Ik had eindelijk de mogelijkheid om echt te dienen, iets waar ik altijd al naar verlangd had. Ik wist dat ik uiteindelijk terug naar huis zou moeten gaan en daarom stelde ik Amma een maand voor mijn vertrek een vraag. In mijn hart voelde ik een sterk verlangen om met jonge mensen te werken, maar ik wist nog steeds niet wat ik voor hen kon doen. Ik wist alleen dat ik op de een of andere manier wilde helpen.

Ik ging het podium op met mijn vraag:

"Lieve moeder, ik wil u eeuwig dienen, maar weet nu niet precies hoe. Ik houd van u."

De vertaler keek met gefronste wenkbrauwen naar me: "Weet je wel wat je vraagt? Je wilt Amma *eeuwig* dienen?"

Ik knikte van ja.

"Hoe wil je dienen?" vroeg ze.

En terwijl ik voor Amma stond, kreeg ik een duidelijk beeld van wat ik zou kunnen doen. Het idee ontstond op dat moment en het was volledig uitgewerkt.

De beslissing om te dienen

Ik zou een huis gaan opzetten voor jonge vrouwen die nergens anders heen konden, voor prostituees, voor meisjes die seksueel misbruikt waren. Het zou een huis voor de verschoppelingen van de samenleving worden en voor kinderen die door het systeem afgedankt waren en die niemand wilde. Het zou een afkickcentrum en zorg- en leefgemeenschap worden.

We zouden een meditatieruimte hebben; we zouden ons eigen biologische voedsel verbouwen en het zelf koken. Er zouden workshops gegeven worden en sport- en yogacursussen. De meisjes zouden persoonlijke begeleiding krijgen en regelmatig therapie. Het zou een veilige plek zijn, een plek waar hun pooiers hen niet konden vinden, een plek zonder drugs en zonder seksueel misbruik. Het zou een gelukkige en heilzame plek zijn waar hun leven een andere wending kon nemen.

Toen het idee voor Amma vertaald werd, barstte ze met ongelooflijke vreugde in lachen uit. De vreugde die Amma toen uitte, heeft me sindsdien altijd kracht gegeven.

Steeds wanneer het moeilijk werd, steeds wanneer ik obstakels op mijn weg vond, dacht ik aan haar lach. Amma zei me toen dat ze al mijn gebeden gehoord had, dat het idee voor het project van haar gekomen was en dat dit precies het project was dat ze in Frankrijk wilde opzetten.

Toen ik Amma vroeg hoe we het moesten noemen, dacht ze na, alsof ze in de toekomst keek, en zei dat de naam spontaan zou komen als ik het huis gevonden had.

Het was mij duidelijk dat Amma de plaats voor haar geestesoog kon zien, dat ze de vervulling van mijn droom kon zien. Dit gevoel zou een grote steun voor me zijn in de moeilijke maanden die kwamen.

Terug in Frankrijk begon ik onmiddellijk met het project. Ik maakte een website en begon met het werven van fondsen. Daarna kwamen het papierwerk en de bergen administratieve rompslomp.

Ik had helemaal geen geld meer, maar in plaats van een baan te nemen en me op mijn eigen behoeften te concentreren, wat ik in het verleden gedaan zou hebben, besloot ik fulltime aan mijn project te blijven werken. Ik huurde geen kamer, maar woonde bij allerlei vrienden, waarbij ik een paar nachten op de ene bank sliep en dan weer naar een andere verhuisde. Als ik wanhopig om geld verlegen zat, ging ik voor korte tijd in een fabriek werken om rond te komen.

De beslissing om te dienen

Al die tijd voelde ik Amma's aanwezigheid. Ze was in ieder moment aanwezig. Iedere keer dat ik een belangrijk telefoongesprek moest voeren, voelde ik dat Amma naast mij stond. Haar genade was bij me bij alles wat ik ondernam.

Toen ik de keer daarop Amma's darshan ontving, gaf ik haar een klein boompje als geschenk. Ik wilde ontzettend graag dat ze mij een boompje teruggaf, een boompje om bij het huis te planten. In plaats daarvan gaf ze me een appel. Het was de eerste keer ooit dat ze me een appel gaf.

Toen ik na mijn darshan ging zitten mediteren, besefte ik dat ze mij precies de boom gegeven had die ik wenste. Er zat slechts één zaadje in die speciale appel. Toen ik weer in Frankrijk was, plantte ik het, waakte er geduldig over en wachtte.

Het werk ging door. Ik zocht een huis, vulde zorgvuldig alle papieren voor de overheid in en stelde een Raad van Bestuur samen. Alles was in orde en op de morgen van de eerste bestuursvergadering ontkiemde het zaadje.

Al mijn hele leven wilde ik eigenlijk alleen maar mijn talenten, mijn energie en mijn leven inzetten om te dienen. Voordat ik bij Amma was, wist ik niet wat ik kon doen, maar Amma gaf me een visie.

Een licht in de duisternis

Ze inspireerde me met ideeën en gaf me kracht. Ik had dit nooit zonder haar kunnen doen. Nu is mijn droom werkelijkheid geworden.

Deze meisjes weten het nog niet, maar ze zijn Amma's kinderen. Amma heeft ons toekomstige thuis gezegend en ik heb vertrouwen in haar. Zonder Amma's genade, zonder haar kracht zou dit alles niet mogelijk zijn geweest.

Ik weet dat er moeilijke momenten zullen zijn. We zullen te maken krijgen met allerlei problemen zoals zelfmoord, geweld, drugs en alcoholmisbruik. Maar er zullen ook fantastische momenten zijn. Als ik de plek zie, zie ik blijheid. Ik zie muziek en dans. Ik zie Amma's lach op het gezicht van deze meisjes en ik weet dat hun leven gaandeweg ten goede zal veranderen.

⚜ ⚜ ⚜

De jeugd van nu groeit op in een moeilijke tijd. De laatste jaren is er sprake van een sterke achteruitgang van traditionele waarden en daardoor hebben onze kinderen het zwaar. Maar Amma toont ons vol liefde dat er een uitweg is.

Amma inspireert mensen stap voor stap, gedachte voor gedachte, omhelzing na omhelzing, om een verschil te maken in de wereld. We hebben allemaal het vermogen om voor moeder aarde te buigen en in haar vreugde te delen door iets moois te planten, of het nu een appelboom of een zorg- en leefgemeenschap is.

Als we Amma het zaadje van onbaatzuchtige liefde in ons hart laten planten, zullen we zeker de zegeningen en vreugde van het leven kunnen oogsten.

Hoofdstuk 6

Nooit alleen

> *Twijfel is een pijn die te eenzaam is om te weten dat vertrouwen zijn tweelingbroer is.*
>
> *– Khalil Gibran*

In mijn jonge jaren was ik christen, katholiek om precies te zijn. Ik was enorm vroom, maar ergerde me aan de kerk. Ik woonde in een rijke gemeenschap waar de priesters gouden ringen en horloges droegen en fraaie preken gaven, maar ze gaven nooit geld aan de armen of hulp aan de daklozen.

Toen ik zeventien was, hield de kerk een bijeenkomst voor de hele parochie om over hun financiën te praten en waar het geld van de kerk naar toe ging. Ik was de enige die het bijwoonde. De pastoor liet me trots de tekeningen van een groot renovatieproject zien dat ze voor de kerk voor ogen hadden. Bijna al het geld ging naar uitbreiding.

Ze waren van plan om de kerk twee keer zo groot te maken, het parkeerterrein uit te breiden, een cadeauwinkel toe te voegen en alles te commercialiseren. Ik wist dat er andere kerken in de buurt waren die hetzelfde deden. Mij leek dit alles onnodig en buitensporig.

"En wat doet u aan liefdadigheid?" vroeg ik. "Hebben we geen charitatieve instellingen die we kunnen helpen?" Hoewel ik regelmatig naar de kerk ging, had ik de pastoor niet één keer over 'geld voor de armen' horen praten.

"Er is één ziekenhuis waaraan we wat geld geven," antwoordde hij schaapachtig. "Iedere maand geven wij hun een kleine bijdrage, maar we zijn niet de enige die hen steunen. Er is een grote groep kerken die samenwerken om het ziekenhuis te sponsoren."

Ik stapte uit de katholieke kerk. Het enige alternatief was om naar een protestante kerk in de omgeving te gaan. Waar ik opgroeide waren heel weinig keuzes: je was christen of atheïst.

De protestante kerken waren veel leuker, de diensten waren levendig met gitaren en muziek. Mijn vrienden namen me mee naar de christelijke rockconcerten, die geweldig waren. De muziek was gepassioneerd en soms erg spiritueel. Voor het eerst in mijn leven voelde ik een echte verbinding met een levende, dynamische God. Maar toch was ik nog niet tevreden.

Ik begon met agnosten te praten. Ze hadden veel echt goede argumenten. Toen ze me moeilijke vragen over God stelden, had ik geen antwoord. Ik was nog steeds christen, maar ik was duidelijk verward over veel aspecten van mijn geloof. Ik wilde me dichter bij God voelen. Ik wist dat ik naar iets zocht, maar ik had het nog lang niet gevonden.

Mijn grootste verlangen was om op de een of andere manier van nut te zijn. Dat was in die tijd heel frustrerend, omdat niemand begreep waarom ik dat wilde. *Ik* wist niet eens waarom ik dat wilde. Nu, nadat ik Amma heb ontmoet, heeft het allemaal veel meer betekenis.

Toen ik naar de universiteit ging, was ik voor het eerst vrij om voor mezelf te denken. Tegelijkertijd voelde ik me alleen en zocht naar een relatie. Ik wilde iemand vinden met wie ik mijn ideeën over spiritualiteit kon delen.

De meeste mensen die ik ontmoette, waren agnost of zeer strikte christenen; er was bijna niets tussenin. Toen ontmoette ik iemand, een voormalige christen die, gezien door de bril van mijn oordeel, zijn geloof had opgegeven. Hij maakte zich geen zorgen over de hel, het hiernamaals of iets dergelijks. In plaats daarvan bracht hij zijn tijd thuis mediterend door. Ik voelde een enorm verlangen om hem te redden. Per slot van rekening is dat wat christenen doen: we redden mensen.

Dit karweitje was geknipt voor me. Hier was iemand die de bijbel bestudeerd had. Hij had hem van voren naar achteren gelezen. In feite was hij een paar jaar geleden een van die mensen geweest die rondtrokken om mensen te bekeren. Nu zat hij thuis in meditatie en was duidelijk geen christen meer. Ik stond helemaal perplex van hem. Ik kon het niet begrijpen. Ik dacht dat er iets mis met hem was. Maar de waarheid is dat ik hulp nodig had, niet hij.

We hadden een paar maanden een geweldige tijd. Hij probeerde nooit om me te redden. Daar gaf hij niet om. Hij gaf gewoon om mij. We praatten veel over spiritualiteit en hij bracht mij met nieuwe ideeën en begrippen in aanraking. Hij gaf me boeken over Jezus waardoor ik God in een heel nieuw licht ging zien. En het belangrijkste was dat hij me leerde mediteren. Het was een heel eenvoudige, non-dualistische meditatie en het sprak me heel erg aan.

Ik dacht dat ik gewoon een mediterende christen kon zijn, maar mijn vrienden van de middelbare school werden allemaal hysterisch, helemaal hysterisch. Ze bleven met bijbels aankomen, heel veel bijbels. Een van hen maakte zelfs een video van haar kleuterklas die in gebed zat. Ze vertelde me dat ze allemaal voor mij baden en hoopten dat ik terug naar God zou komen. En dat allemaal omdat ik was gaan mediteren. Het was zo bizar. Zij waren mijn beste vrienden, die ik al jaren kende, maar als ik hun geloof in Jezus in twijfel trok of zelfs maar een discussie over het onderwerp opende, werden ze kwaad en geïrriteerd en stopten de discussie. Ik was helemaal gechoqueerd.

Ze zeiden me dat ik naar de hel ging. Het was zo zwart en wit voor hen. Mijn nicht vertelde me doodnuchter dat een baby naar de hel ging als hij stierf voordat hij Jezus in zijn hart kon accepteren. Een baby? Waar was hier de liefhebbende God?

Ik wist dat mijn vrienden en mijn familie niet zelfstandig dachten. Ze konden gemakkelijk de bijbel reciteren, maar ze konden je niet vertellen wat de woorden betekenden als je erop aandrong. Zodra ik vragen begon te stellen, keerden zij zich allemaal tegen mij.

In deze tijd raakte ik bevriend met een vrouw die ik in mijn universiteitscolleges had ontmoet. Ze was een volgeling van Amma, maar in tegenstelling tot mijn schoolvrienden steunde ze me en probeerde nooit om me te bekeren. We werden zeer hechte vrienden. Steeds als ze over Amma sprak, wat niet zo vaak gebeurde, legde ik een verband met Jezus. Ze glimlachte gewoon en het was in orde.

Uiteindelijk nam ze me mee naar haar satsanggroep. Het waren een paar mensen die bijeenkwamen om bhajans te zingen en samen te eten. Mijn eerste indruk was dat de mensen heel aardig waren, maar de satsang was raar, echt raar. Deze mensen aanbaden allemaal een vrouw! Er was slechts één ding dat ik zeker wist: we moesten nooit iemand aanbidden behalve Jezus. Ik wist dat ik nooit terug zou komen. Het was afgoderij, Het was onjuist.

Ik was eerlijk gezegd alleen naar de bijeenkomst gegaan om mijn vriendin gelukkig te maken, maar het was niets voor mij.

Daarna had ik een verschrikkelijke nacht. Mijn vriend en ik waren een paar weken eerder uit elkaar gegaan en ik voelde me compleet eenzaam. De depressie die me boven het hoofd hing nadat we uit elkaar waren gegaan, begon erger te worden. Ik lag snikkend op bed.

Plotseling was ik bang dat ik mezelf zou verwonden. Ik wist dat ik de kamer uit moest en ergens heen moest gaan. Ik wist niet waar naartoe en het kon me niet schelen waar ik uitkwam.

Ik begon te rijden en reed blindelings rond. Ik reed steeds verder weg van de stad. Ik huilde zo erg, dat ik bijna niets kon zien. Ik had geen idee waar ik was of waar ik heen ging. Na een tijdje was ik op het platteland, toen ik de plaats plotseling herkende.

Ik was bij het Ammacentrum waar mijn vriendin me maanden geleden mee naartoe had genomen. Echt, ik zou niet weten hoe ik daar moest komen, maar daar kwam mijn auto op de een of andere manier terecht. Het was een of twee uur in de ochtend toen ik aankwam. De plaats was volkomen verlaten.

Ik ging naar het enige gebouw dat ik zag en probeerde de deur te openen. Hij was niet op slot. Ik was erg verbaasd. De grote lege ruimte was bijna helemaal kaal op een reusachtige afbeelding van Amma na. Het schijnsel van een enkel lampje verlichtte haar gezicht.

Ik wist niets over Amma, wie ze was of wat het allemaal betekende. Maar ze had een zeer lieve glimlach. Toen ik voor die foto zat te snikken, stortte ik mijn hart bij haar uit en vertelde al mijn problemen. Ik had echt het gevoel dat ze luisterde. Op de een of andere manier wist ik dat ze me hoorde. Er was een tastbare aanwezigheid in de kamer en ik voelde me getroost. Het enige wat ik wilde, was dat ze me vasthield.

In de hoek van de kamer was een klein winkeltje met een tafel vol met de schattigste Amma poppetjes. Ik had sinds ik zes was nooit meer om poppen gegeven, maar ik had een zeer sterk verlangen naar een eigen Ammapop.

Ik pakte er een op en hield haar lange tijd in mijn armen. Het voelde alsof Amma zelf mij door middel van de pop omhelsde. Ik moest haar hebben. Ik controleerde hoeveel geld ik het centrum schuldig zou zijn en nam haar mee naar huis.

Tegen de tijd dat ik terug in mijn kamer was, kwam de zon op. Ik zakte in elkaar op mijn bed en viel in slaap terwijl ik mijn kleine Amma tegen mijn hart gedrukt hield. Toen ik later die morgen wakker werd, voelde ik me veel beter. De depressie was bijna helemaal over. Vanaf toen hield ik dat poppetje vast, steeds wanneer ik me verdrietig voelde en dan wist ik dat alles in orde was.

Ik kan niet zeggen dat al mijn pijn die nacht verdween of dat vanaf toen al mijn problemen ogenblikkelijk opgelost waren, maar er was zeker een belangrijke ommekeer. Vanaf die nacht heb ik altijd een zeer sterke moed en kracht in mezelf gevoeld, die voortkomt uit de kennis dat Amma altijd bij me is.

Amma luistert altijd naar onze hoop en dromen, onze pijn en onze gebeden. Ze begrijpt ons beter dan wij onszelf begrijpen. Ze kan door het donkerste duister in onze ziel kijken, zelfs als wij ons alleen maar omringd voelen door pijn en het gevoel afgescheiden te zijn. Zelfs wanneer we haar aanwezigheid niet kunnen voelen, mogen we niet vergeten: wat de omstandigheden ook zijn, ze is altijd bij ons.

Jaren geleden toen we per trein door India reisden, vertelde Amma dat alles wat ze doet een betekenis heeft. Ze zei dit midden in de nacht, ergens op een treinreis van Delhi naar Calcutta.

Toen de trein een station binnen reed, hoorden we mensen op het perron reciteren: "Om Amriteshwaryai Namaha, Om Amriteshwaryai Namaha..." Volgelingen hadden zich daar verzameld en verlangden ernaar een glimp van Amma op te vangen. Amma stond op en rende naar de deur van de wagon. Ze wilde hen graag zien. "Kun je de deur openen?" vroeg ze. De klink zat vast, maar plotseling kwam hij los en kon Amma naar de verzamelde menigte glimlachen. Maar het duurde slechts een moment. Zodra de trein zich in beweging zette, sloeg de deur weer dicht.

Amma was nog niet klaar. Ze drukte haar gezicht tegen het raam en glimlachte liefdevol naar iedereen op het perron. Er stroomde liefde door dat treinraam. Slechts een dun stukje glas scheidde Amma van de volgelingen. De mensen drongen zich naar voren en staken hun handen uit om haar aan te raken, of om in ieder geval het glas tussen hen aan te raken. Amma duwde haar hand tegen het raam, tegenover de handpalm van een man, die tegen de andere kant van het raam gedrukt was. Daarna was de beurt aan een vrouw, wier hand door het glas werd "aangeraakt".

Toen de trein langzaam het station uit reed, keerden we terug naar Amma's coupé. De ruit daar was donker. De volgelingen konden Amma niet zien, maar

Amma kon hen wel zien. Ze zag iedereen die de trein volgde en haar riep. Sommigen hielden hun handen boven hun hoofd als afscheidsgroet, terwijl anderen zich inspanden om het glas aan te raken, omdat het in ieder geval haar raam was.

"Zo is de wereld," zei Amma toen ze naar hen keek. "Ik kan hen zien, maar zij kunnen mij niet zien. De goeroe ziet alles en iedereen, maar niemand ziet de goeroe werkelijk."

Hoofdstuk 7

Goed gedaan!

*De belangrijkste en steeds terugkerende vraag
in het leven is: "Wat doe je voor anderen?"*

– Martin Luther King

Ik was van plan om vroeg op te staan en meteen naar Amma's programma te gaan, maar dat gebeurde natuurlijk niet. Ik versliep me. Later die ochtend werd ik wakker van een telefoontje van een vriendin. "Waar ben je?" vroeg ze. "Kom je nog?" Amma bezocht LA en ik zou haar voor de eerste keer ontmoeten.

Ik sprong mijn bed uit, haastte me naar het programma en kwam rond elf uur aan. Mijn darshanticket was ZZYZ of zoiets absurds en de vrijwilligers daar zeiden dat ik waarschijnlijk pas rond drie uur 's nachts darshan zou krijgen. Ik had volop de tijd en dus begon ik wat rond te kijken.

Het eerste wat ik opmerkte waren alle vrijwilligersactiviteiten en liefdadigheidswerken die Amma leidde. Ik houd van vrijwilligerswerk en daarom besteedde ik nogal wat tijd aan het lezen over Amma's hulpprojecten. Toen zag ik de winkeltjes: je kon hier dus ook winkelen? Ik was zo opgewonden. Op dat moment begonnen de musici te spelen. winkeltjes èn life muziek? Ik was echt in de hemel.

Ik wist niet wat voor een plek dit was, maar ik vond het nu al geweldig.

Mijn vriendin zwaaide naar me. Ze had een zitplaats voor me vrijgehouden ongeveer tien rijen van Amma vandaan. De man naast me was ook nieuw en we praatten een tijdje. Ik draaide me om om naar Amma te kijken. Plotseling stapten de mensen die voor haar stonden opzij. Het was alsof de Rode Zee zich splitste.

Ze zag me en glimlachte.

Amma keek me aan en ik werd overspoeld door een gevoel van pure liefde. Ik had het gevoel alsof ik in zachte watten werd gewikkeld. Ik herinner me dat ik dacht: "Dit voelt als liefde, maar het is niet als de liefde die ik tot nu toe gekend heb." Ik moest absoluut dichterbij zien te komen. Ik wurmde me naar de eerste rij achter de musici. Ik zat naar Amma

Goed gedaan!

te staren en hoe langer ik staarde, hoe voller mijn hart werd. Ik zat zeven uur lang roerloos op mijn stoel en ik kon mijn ogen niet van haar afhouden.

Ik ging iedere avond opnieuw naar het programma in LA. De morgen na haar vertrek uit LA werd ik wakker en mijn hoofd tolde. "Wat moet ik nu doen?" vroeg ik me af. Het was niet genoeg om Amma op een dag weer terug te zien. Ik wilde Amma *iedere dag* zien. Het enige wat ik wilde, was bij haar zijn. Urenlang dacht ik erover na hoe ik dit voor elkaar kon krijgen.

Ik was verdrietig en totaal van slag toen ze weg was en ik moest weer met beide benen op de grond komen. "Nou, misschien moet ik even gaan winkelen," dacht ik bij mezelf. "Dat helpt altijd." En dus kocht ik een kopje koffie en ging naar het winkelcentrum om wat schoenen te kopen. Ik zat op de bank in de schoenenwinkel en dacht: "Wat is er toch?" Het winkelen leek op de een of andere manier veel minder aanlokkelijk dan anders.

Ik liep een beetje door de gangpaden en vond uiteindelijke een paar schoenen dat ik leuk vond, maar om de paar minuten stond ik stil en begon weer over Amma te dagdromen. "Wat doe ik hier?"

vroeg ik me af. "Waarom verspil ik mijn tijd aan het kopen van deze schoenen? Ik wil bij haar zijn."

Toen ik naar de kassa liep, hield een meisje me aan. Ze wees naar de schoenen die ik vasthield en zei: "Ik vind die schoenen hartstikke leuk. Waar heb je ze gevonden?" Ik wees naar het rek waar ik ze gevonden had. We raakten in gesprek.

Ze vertelde dat ze over twee uur naar een bruiloft moest en helemaal geen leuke schoenen had. "Ik heb een hekel aan winkelen," vertelde ze. "Ik voel me altijd zo verloren en overdonderd in deze enorme warenhuizen." Ze bedankte me dat ik haar de weg gewezen had en ieder ging zijns weegs.

Toen ik betaald had, liep het meisje weer voorbij. Ze vroeg de vrouw achter de toonbank of ze nog zo'n zelfde paar schoenen hadden zoals ik net had gekocht.

"Dat is het laatste paar," antwoordde de verkoopster onverschillig. De schouders van het meisje zakten wat in en ze liep een beetje verdrietig en beduusd weg.

Toen schoot er plotseling, uit het niets, een vreemde gedachte door mijn hoofd: "Laat dat meisje de winkel niet uitgaan! Geef haar je schoenen!"

"Wat? Geen sprake van! Dat doe ik niet!"

De gedachte kwam nog luider terug: "Laat dat meisje de winkel niet uitlopen! Ga naar haar toe en geef haar je schoenen!"

"Nee!" zei ik resoluut tegen mezelf. "Ik ga dat meisje toch zeker niet achternahollen. Dat is al te dol. Ik houd mijn schoenen."

De gedachte kwam terug. Ik kon er niet omheen.

Ik keek een paar minuten rond en probeerde halfslachtig haar te vinden. Ze was nergens meer te zien. Ik was ervan overtuigd dat ze de winkel uitgegaan was en slaakte een zucht van verlichting. Toen kwam ze de winkel weer in.

Wat kon ik doen? Ik liep naar haar toe en zei: "Hier, je kunt mijn schoenen hebben. Jij hebt ze harder nodig dan ik." Ze keek me ontzet aan, alsof ik er ineens pimpelpaars uitzag of iets dergelijks. "Dit is zo bizar. Ik kan dat niet doen. Ze zijn van jou."

"Ja, maar jij gaat over twee uur naar een bruiloft, ik niet. Ik heb ze alleen gekocht om het kopen zelf. Jij hebt ze echt nodig, ik niet." Ze zei niets. "Luister, het is niet bizar. We gaan er niet moeilijk over doen. Neem deze schoenen en kijk of ze passen."

Ze keek me een ogenblik aan. "Echt waar…?"

De schoenen pasten perfect. Ze was duidelijk in de wolken, maar keek een beetje timide naar me: "Weet je het zeker?"

"Luister, we gaan hierover niet discussiëren." Ik rolde met mijn ogen: "Je moet ze nemen."

Plotseling werd ik overmand door een enorm tintelend gevoel, dat door mijn hele lichaam trilde. Het was precies hetzelfde gevoel als bij mijn eerste darshan van Amma. Het werd me helemaal duidelijk: "Dit is het! Dit is Amma's les."

Ze glimlachte gelukkig en zei: "Dit is een van de aardigste dingen die iemand ooit voor me gedaan heeft. En ik ken je niet eens. Ik ga dit verhaal aan iedereen op de bruiloft vertellen. Vanaf nu zal ik iedere keer als ik in mijn klerenkast kijk, aan jouw vriendelijke gebaar denken en het zal me eraan herinneren ook vriendelijk te zijn."

Het was iets heel eenvoudigs, een klein gebaar in een warenhuis in LA, een paar schoenen, maar het was meer dan dat. Op dat moment was Amma daar. Ik had het gevoel alsof ik zojuist haar darshan ontvangen had.

Op dat moment begreep ik dat zo'n eenvoudig gebaar van geven echt een golfeffect teweegbrengt.

Goed gedaan!

Ondanks dit grote inzicht stond ik nog steeds niet met beide benen op de grond. Daarom deed ik wat me het meest logisch leek: ik ging weer winkelen. Deze keer ging ik naar de Applewinkel.

Opnieuw zat ik daar, net als bij de schoenenwinkel, met een kopje koffie in mijn hand en dacht: "Wacht even, wat is er zonet gebeurd?"

Ik draaide me om. Naast mij stond een klein meisje dat er precies als Amma uitzag. Ze had dezelfde huidskleur, hetzelfde haar, dezelfde ogen en precies dezelfde neus. Ze ging op het krukje naast me zitten en zat met haar hand onder haar kin precies zoals Amma vaak doet. Ze keek me in de ogen en glimlachte.

Ik wist precies wat Amma tegen me zei: "Goed gedaan!"

✧ ✧ ✧

Het is belangrijk om aan anderen te denken en niet alleen aan wat wij in ons leven nodig hebben of willen. Spiritualiteit is praktisch: concreet en praktisch. Het is gewoon het goede en eenvoudige gezonde verstand dat we allemaal hebben.

Een licht in de duisternis

Amma leert ons dat we gebruik moeten maken van ons onderscheidingsvermogen. We hebben allemaal het vermogen om te weten wat goed en kwaad is. Als we dat gebruiken terwijl we proberen andere mensen te helpen en niet te kwetsen, weten we intuïtief hoe we ons het beste kunnen gedragen.

Amma wijst ons er vaak op dat zelfs het woord 'liefde' voor altijd een dood woord blijft als onze daden zonder mededogen zijn. We zullen nooit echte liefde kunnen ervaren totdat ons hart smelt in compassie voor de ander.

Als we onze eigen behoeften ondergeschikt maken om iemand anders te helpen, krijgen we soms meer dan wanneer we alleen voor onszelf nemen. Wanneer we goed doen voor anderen, gaat ons hart open waardoor Amma binnen kan komen.

Hoofdstuk 8

Op zoek naar liefde

*Duisternis kan duisternis niet verdrijven;
alleen licht kan dat.
Haat kan haat niet verdrijven,
alleen liefde kan dat.*

– Martin Luther King jr.

Ik heb een ongelooflijke moeder. Ze was er altijd voor mij. Ze was dol op me, hield van me en zorgde met heel haar hart voor me. En mijn vader? Hij sloeg haar. Soms huilde ze, maar ze klaagde nooit. Ik denk dat iets in haar altijd geloofde dat ze dat verdiende.

Mijn vader sloeg mij nooit, maar ik kan ook niet zeggen dat hij veel om me gaf. Niets wat ik deed was ooit goed genoeg en ik kon het hem op geen enkele manier naar de zin maken.

Toen ik ongeveer acht was, deed ik op school eindelijk iets om trots op te zijn. De meester gaf ons onze opstellen terug en op het mijne had hij bovenaan een grote rode 10 geschreven. Ik was zo blij. Eindelijk had ik iets wat ik aan mijn vader kon laten zien.

Hij nam het papier aan en fronste zijn wenkbrauwen. Terwijl hij mijn opstel van twee bladzijden las dat ik heel netjes in mijn beste handschrift geschreven had, keek hij alleen maar strenger. "Hier," zei hij. "Hier! Je hebt een fout gemaakt." Ik had één woord verkeerd gespeld. Hij was woedend en ik moest drie dagen binnenblijven.

Toen ik twaalf was, vertrok mijn vader. Voor het eerst in jaren kon ik opgelucht ademhalen: geen geweld meer, geen angst meer. Ik herinner me dat ik in de schoolbus naar huis reed en voor het eerst in mijn leven geen buikpijn van de angst had.

Ik kreeg een vriendje. Toen nog een. Van mijn twaalfde tot mijn zesentwintigste (toen ik Amma ontmoette) was er altijd minstens één man in mijn leven. Vaak had ik twee vriendjes tegelijk, gewoon voor de zekerheid. Als een van de twee me dan in de steek liet, zou ik toch niet alleen zijn. Soms wisten mijn mannen van elkaar, soms niet. Het kon me niet schelen.

Ik wilde eigenlijk vooral gezelschap, maar zij wilden altijd meer. Ik gaf ze dat. Ik nam aan dat het de betaling was voor verleende diensten: ze hielden ten minste dat verschrikkelijke, dreigende gevoel van eenzaamheid op een afstand. Ik had het gevoel dat ik hun daarvoor iets schuldig was.

Ik haatte mezelf en walgde enorm van mezelf. Ik ging ervan uit dat iedereen me wel zou haten, zeker als ze me eenmaal leerden kennen. Ik was kwaad en gewelddadig, net als mijn vader. Ik was eigenlijk alleen maar bezig met het bevredigen van mijn lagere behoeften. Mijn wereld was vol vijanden en mijn 'vrienden' moest ik met gunsten te vriend zien te houden.

Mijn leven leidde tot niets en niets interesseerde me. Ik ging van school en had de pest aan elk baantje dat ik uitprobeerde. Hoewel ik twee, of soms zelfs drie vaste relaties had, voelde ik me helemaal alleen.

Op een avond had ik het dieptepunt bereikt. Ik lag op de grond in mijn flat, snikkend, en riep om God: "U moet me redden! U moet me hieruit halen! Ik kan dit niet langer aan!"

En toen kwam Amma.

Een vriend van mij was een volgeling van haar. Toen Amma naar Europa kwam, belde hij me iedere dag op en bleef maar vragen of ik meeging om haar te zien. Hij bleef maar doordrammen. Om hem tot zwijgen te brengen, besloot ik om een paar vrije dagen te vragen bij mijn baas. Ik wist dat ze nee zou zeggen. Het restaurant waar ik werkte, liep enorm goed en er was veel te weinig personeel. We werkten allemaal al zo'n achttien uur per dag.

Toen ik het aan mijn baas vroeg, keek ze me aan en was duidelijk verbaasd over mijn verzoek. "Denk je dat het je goed zal doen?" vroeg ze.

Wat kon ik zeggen? Ik zei tegen haar: "Wel, mijn vriend belt me iedere dag op om me te vertellen dat het me goed zal…"

"Zijn twee dagen genoeg of heb je meer nodig?"

Mijn mond viel open.

Een paar dagen later kwam ik bij het programma aan; ik was gespannen en sceptisch. Ik nam een stoel vooraan en wachtte totdat "die Amma" zou komen.

Toen ze de zaal binnenliep, zag ik alleen maar licht. Het was een enorme, heldere energie, groter zelfs dan de hele zaal. Het licht leek te bewegen rondom haar zeer kleine gestalte. Het straalde van haar af, maar bleef niet tot haar beperkt.

Na mijn darshan bij Amma kon ik me voor het eerst in jaren ontspannen. Ik huilde de hele nacht.

Ik wist dat ik God gevonden had.

Ik dacht altijd dat ik koppig was, maar in Amma heb ik mijn gelijke ontmoet. Ze heeft me gedwongen te veranderen, hoe zeer ik ook iedere keer weer neigde naar zelfdestructief gedrag.

De eerste verandering die ze in mijn leven teweegbracht, maakte me helemaal van streek. Van de ene op de andere dag werd ik ongelooflijk onaantrekkelijk voor mannen. Mijn beide vrienden maakten het met me uit, de een direct na de ander. Het was verschrikkelijk.

Toen raakte ik bevriend met een vrouw. Daarna met twee. Ik was altijd bang voor vrouwen, omdat ik ze niet kon manipuleren. Nu waren er voor het eerst in vijftien jaar mensen in mijn leven met wie ik kon praten zonder dat daar iets tegenover hoefde te staan. En het gekste was dat ze me echt graag mochten.

Een paar maanden nadat ik Amma voor het eerst had ontmoet, bezocht ik haar ashram in India. Ik zag meisjes achttien uur in de keuken werken zoals ik dat ook gedaan had, maar in tegenstelling tot mij leken zij daar oprecht gelukkig mee. Ik nam een van hen apart: "Werk je echt de hele dag en *vind je het leuk?*"

Ik was gechoqueerd dat iemand ervoor *koos* om te werken. Als ik destijds de keuze had gehad, zou ik nooit een vinger uitgestoken hebben.

Toen ik seva begon te doen, vond ik voor het eerst in mijn leven iets wat me werkelijk aansprak. Ik houd van seva. Het voelt alsof je de sluizen van genade openzet. Steeds wanneer ik een probleem heb, doe ik gewoon seva en dan voel ik me altijd wat beter.

Amma helpt me en draagt me, het maakt niet uit hoe hard ik ook tegenstribbel of wat ik ook heb uitgehaald. Ze steunt me ondanks al mijn fouten en tekortkomingen. Ze kent de diepste lagen van mijn ziel en ze haat me niet. Ze houdt van me zoals ik ben.

Ik ben niet meer wanhopig op zoek naar mannen die van me willen houden. Amma heeft de grote leegte in mijn hart gevuld. Ik weet dat ik onvoorwaardelijk bemind word en dit bewustzijn helpt me om van mezelf te gaan houden.

De geest is vol vluchtige gedachten en emoties, maar dat betekent niet dat we daarnaar moeten handelen. Iedereen heeft verlangens en verlangen op zich is geen probleem. Er ontstaat een probleem wanneer we op grond van die verlangens zodanig handelen dat we anderen en onszelf kwetsen.

Als we pijn hebben, gekwetst zijn of boos, zijn we veel eerder reactief en geneigd tot het nemen van verkeerde beslissingen. Het is dan bijzonder moeilijk om juist en met onderscheidingsvermogen te handelen. Niettemin is het belangrijk dat we zorgvuldig op situaties reageren om te vermijden dat we iets doen waar we later spijt van krijgen.

Vergeet niet waarom je naar deze aarde gekomen bent en maak geen verkeerde keuzes. Als we ons slecht gedragen, schaden wij onszelf nog het meest.

Als er vreselijke dingen gebeuren, denken mensen soms dat God wreed is. Ze verliezen hun geloof en vertrouwen en klagen: "Wat is dit voor een God die zoveel lijden toelaat?" Maar Amma begreep als jong meisje al dat elke handeling die we verrichten, een reactie oproept. Soms duurt het levens voordat deze reacties zich manifesteren, maar onze handelingen zullen altijd naar ons terugkeren.

We kunnen niet aan ons karma ontsnappen, maar het is belangrijk dat we eraan denken dat de ondoorgrondelijke cyclus van karma er altijd op gericht is ons iets goeds te leren. Wanneer ons karma naar ons terugkomt in de vorm van een nare of pijnlijke ervaring, moet dat ons uit de diepe slaap van onwetendheid halen. God is niet wreed; Hij probeert ons altijd te zegenen en van het verkeerde pad af te houden.

Er wordt weleens gezegd dat de goeroe groter is dan God, omdat God, om ons te laten groeien, ons enkel geeft wat we verdienen. De goeroe daarentegen schenkt ons alleen maar liefde en vergeving. We kunnen dit duidelijk in Amma zien: de manier waarop ze omgaat met de duizenden die iedere dag naar haar toe komen. Ze is een stroom van Gods liefde in deze wereld. Ze accepteert ons met al onze menselijke zwakheden. Ze verheft ons en leidt ons op de weg naar het doel van het menselijk bestaan.

Amma is een incarnatie van liefde. Ze is hier gekomen uit compassie met ons lijden. Hoeveel fouten we ook maken, Amma houdt van ons. Ze moedigt ons geduldig en vasthoudend aan om als de lotusbloem te zijn: om uit de modder naar het zonlicht omhoog te groeien.

Hoofdstuk 9

Net als Arjuna

Luid de klok, laat iedereen weten:
Die volmaakte offergave mag je vergeten.
Overal zit wel een barst in.
Zo kan het licht naar binnen.

– Leonard Cohen

Ik was een eenzaam kind. Ik had geen vrienden en mijn ouders werkten allebei onafgebroken. Ze hadden wel altijd iemand in dienst om voor me te zorgen. Dus ik zag er netjes uit en kreeg goed te eten, maar ik voelde me altijd alleen.

Mijn moeder werkte dag en nacht. Als ze thuis was, bracht ze al haar tijd in haar kantoor door. Ik mocht alleen bij haar zitten als ik muisstil was: geen gefluister, geen geschuifel, geen gekrabbel met een potlood en niet kuchen of niezen. Het zou voor iedereen moeilijk geweest zijn, laat staan voor een hyperactief kind als ik. Als ik te luid slikte, kon ik eruit gezet worden.

Toen ik vijf was, viel er op een keer een wimper op mijn wang. Mijn moeder pakte hem op en zei glimlachend: "Doe een wens."

Konden wensen door wimpers uitkomen?

Ik had genoeg te wensen, dus ik wenste en wenste en wenste.

Toen ik twaalf was waren al mijn wensen op. Ik had geen wimpers meer. Toen begon ik aan mijn wenkbrauwen. Mijn ouders merkten het niet op, maar mijn onderwijzeres wel. Ze belde mijn ouders op en ik moest in therapie. Het hielp niet.

Ik begon nu aan mijn hoofd. Ik was dertien toen ik mijn eerste kale plek kreeg, precies achter op mijn hoofd, zoals bij een oude man. Ik deed geen wensen meer, maar het gaf me een onverklaarbaar gevoel van troost als ik mijn haren uittrok. Het was alsof het me gezelschap hield, alsof ik daardoor minder alleen was en ik werd er rustig van. Ik wist geen andere manier om de altijd aanwezige angst te temperen.

Van mijn dertiende tot mijn achttiende ging ik niet naar de kapper. Ik schaamde me te erg. Slechts een keer drong mijn moeder erop aan. Ze vertelde de kapper door de telefoon dat ik leukemie had;

zodoende hoefden we ons niet zo te schamen voor mijn kale plekken. Ik kreeg een woedeaanval en uiteraard ging de afspraak niet meer door. Hierna gaf ze het op.

Op de universiteit knipte ik mijn haar af met een schaar en spiegel. Het was het enige wat hielp tegen de aandrang om mijn haar uit te trekken. Het was alsof er een gemene, slechte energie op mijn hoofd huisde, een dikke, smerige en plakkerige energie. Het voelde alsof er een duivel daarboven zat, ik werd er gek van. Mijn haar afknippen was de enige manier om mijn verslaving om het uit te trekken, te bedwingen. Het was het enige wat hielp.

Ik droomde vaak dat ik lang, prachtig, dik haar had, zoals toen ik een kind was. Maar ik wist dat ik dat nooit zou krijgen, met geen mogelijkheid. Hier was geen kruid tegen gewassen.

Ik probeerde van alles, allerlei therapieën: gedragstherapie, gesprekstherapie, verslavingstherapie. "Sorry," zei een dokter een keer tegen me, "misschien moet u eens een andere dokter proberen. Normaal gesproken duurt het *nooit* zo lang." Ik probeerde sjamanen. Ik probeerde paranormale genezers. Ik probeerde zelfs exorcisme. Niets hielp. Twintig jaar lang hielp niets.

Toen ontmoette ik Amma.

Eerst veranderde er niets en mijn verslaving bleef even sterk als altijd. Als de aandrang te sterk was, knipte ik mijn haren nog steeds met een schaar af. Mijn hoofd zat vol kale plekken en ik vermoed dat ik er echt raar uitzag met dat zelf geknipte stekeltjeshaar.

In een zomer ongeveer een jaar nadat ik Amma voor het eerst ontmoet had, brak mijn mala. Ik reisde toen met Amma mee en besloot om twee bij elkaar passende armbandjes van de kralen te maken, een voor mij en een voor haar. Ik moet toegeven dat ze er tamelijk onooglijk uitzagen, maar naar mijn idee waren ze prachtig. Ik had ze met zoveel toewijding gemaakt. Eigenlijk waren het armbandjes die alleen een moeder zou kunnen waarderen. Ik droeg ze allebei toen ik op mijn darshan wachtte.

Toen ging ik ermee naar de wc en plotseling werd ik door schaamte overmand. Ik walgde van mezelf en voelde me ellendig. Hoe kon ik Amma een geschenk geven waarmee ik net naar de wc was geweest?

Ik kreeg het vreselijk benauwd toen ik besefte hoe stom ik was geweest. Ik kon het tegen niemand vertellen; het was te afschuwelijk en gênant voor woorden. Ik wist dat iedereen die erachter zou komen van me zou walgen. Ik was vies en mijn cadeau was vies. Ik werd misselijk bij de gedachte dat ik de Goddelijke Moeder zoiets onzuivers zou geven.

Ik wist niet wat ik moest doen. Ik had dat armbandje met zoveel liefde speciaal voor haar gemaakt. Uiteindelijk besloot ik na veel innerlijke strijd, dat ik het armbandje toch aan Amma moest geven. Wat kon ik anders?

Ik ging met al mijn schaamte naar Amma en deed de armband om haar pols.

Ik fluisterde kinderlijk enthousiast tegen Amma: "Amma, nu horen we bij elkaar." Ze trok mij dicht tegen zich aan en ik hoorde haar antwoord in mijn hart: "We moeten innerlijk bij elkaar horen." Op dat moment verdween al mijn schaamte. Ik voelde hem letterlijk omhoogkomen en wegtrekken. Plotseling wist ik, zonder enige twijfel, dat ik mijn haar niet meer uit hoefde te trekken.

Ik hield ermee op.

Twintig jaar inspanning en niets had geholpen, niets. Maar in één darshan nam Amma het allemaal weg. Twintig jaar vol schaamte en schuld. Twintig jaar van geheimen en leugens. Alles verdween tijdens die ene omhelzing.

Het is niet zo dat ik nu volmaakt ben. Ik trek af en toe nog wel eens wat haren uit. Heel zelden speelt de aandrang weer op en ben ik weer in gevecht met mezelf. Op die momenten steken de demonen van depressie en schaamte weer hun lelijke kop op, maar het is niets vergeleken met hoe het was.

Vóór die darshan hield ik mijn haar kort, meestal kort gemillimeterd. Jarenlang ging ik door het leven zonder wenkbrauwen en wimpers. Ik worstelde iedere dag met het intense, overweldigende verlangen om mijn eigen haar uit te trekken. Soms bleef ik uren en uren wakker tot in de vroege ochtenduren en vocht tegen mijn verslaving. Ik verloor altijd. Ik kon er niet mee ophouden.

Toen was er plotseling geen gevecht meer. Het was voorbij. Afgehandeld. Klaar.

Een moment lang was ik Arjuna en Krishna was mijn wagenmenner.

We hebben de overwinning behaald.

Amma probeert ons uit de gevangenis van onze geest te bevrijden. Ze heeft de deur al opengezet, maar we

zijn vaak te bang om eruit te stappen. In plaats van naar het licht te gaan blijven we onze eenzame cel steeds opnieuw versieren met denkbeeldige angsten en pijn.

Amma's liefde kent geen grenzen, maar de door onszelf opgetrokken muren maken het ons onmogelijk om liefde te ontvangen. Het is verschrikkelijk moeilijk om los te breken uit onze zelfgemaakte ketenen. Amma heeft eens gezegd dat we allemaal vrij willen zijn, maar zelfs als ze ons de vrijheid laat smaken, gaan we onmiddellijk weer terug naar de oude vertrouwde ketenen die ons aan banden leggen.

Maar gelukkig geeft Amma het nooit op.

Amma houdt zonder enige reserve van iedereen, haar liefde is zuiver en onvoorwaardelijk. Ze accepteert ieder van ons met al onze schaamte, trots, kwaadheid, angst en andere zwakheden. Geleidelijk aan zuivert haar liefde onze zwakheden en verandert ze in goede eigenschappen.

Diep van binnen hunkeren de meesten van ons naar een intense, blijvende liefde die ons hele leven duurt. Amma geeft ons de niet aflatende moederlijke liefde waar we altijd naar verlangd hebben. Zij is de moeder waarvan de meesten van ons wel eens heimelijk denken: was mijn biologische moeder maar zoals zij.

Ze is onze moeder, onze echte moeder, en ze doet ons beseffen dat liefde de bron van het leven is.

Hoofdstuk 10

Geweld overwinnen

Gisteren was ik slim, dus wilde ik de wereld veranderen. Vandaag ben ik wijs, daarom verander ik mezelf.

– *Rumi*

Mijn moeder was zeventien toen ze zwanger werd. Ik werd net na haar achttiende verjaardag geboren. Niemand wist wie mijn vader was en het geheim rond mijn geboorte was een bron van diepe schaamte voor mijn hele familie. Het kon iedereen zijn: de postbode, de politieagent of de vuilnisman. Mijn moeder sprak er nooit over. Ik was zonder vader geboren en dit leidde bij mij tot een diepe identiteitscrisis.

De eerste negen jaren van mijn leven waren eenvoudig en fijn. Mijn oma paste op als mijn moeder ging werken. Ik bracht lange uren alleen door met in bomen klimmen en me verstoppen op geheime plekjes rondom onze boerderij.

Toen werd mijn moeder verliefd op een militair; we verhuisden naar de stad en alles veranderde.

Mijn oma werd depressief en ik ook. Er was veel geweld op mijn nieuwe school. Dus toen ik negen was, leerde ik vechten. Mijn enige vrienden waren twee Roma kinderen die vlakbij woonden.

Ik herinner me dat ik voor het eerst op school kwam: een oudere jongen duwde me in een hoek tegen een muur en hij wilde me op mijn gezicht slaan. Wonder boven wonder kon ik zijn hand grijpen. Ik had kleine vingers, maar ik pakte een van zijn dikke vingers vast en boog die terug... en verder terug... en nog verder terug, totdat er een misselijkmakend gekraak klonk. Hij heeft me nooit meer lastig gevallen.

De pestkoppen op school hielden er een zeer gewelddadig ritueel op na. Telkens wanneer er een nieuwe jongen in de klas kwam, bonden zij zijn armen en benen achter zijn rug vast en beukten zijn lichaam tegen een betonnen pilaar. Ze moesten lachen als hij het uitschreeuwde van de pijn.

Ik kon nooit toekijken en niets doen als er iemand gepest werd. Dus rende ik erop af om hem te verdedigen en kreeg daar een flink pak slaag voor terug. De andere kinderen stopten wormen in mijn kleren en staken mijn haar in brand. Geen plek op mijn lichaam bleef ongeschonden. Ik werd geslagen en gestompt, kreeg een mes op mijn keel, mijn bril werd kapot gemaakt en ze sloegen me een bloedneus.

God bestond niet in mijn leven. Mijn oma nam me soms mee naar de kerk, maar de priester sloeg mijn nichtje. Dus als hij barmhartigheid preekte, geloofde ik hem niet. Ik schreef vaak in het stof van de vensterbank: "Niemand houdt van me." Ik vertrouwde de liefde van mijn moeder niet, omdat ze nog steeds weigerde mij te vertellen wie mijn vader was. Mijn hart deed voortdurend pijn. Ik was altijd kwaad. Het onnodige geweld, het lijden, het was allemaal te veel. Ik deed het enige wat verstandig leek: ik liep weg.

Als tiener woonde en werkte ik bij rijke mensen om in mijn levensonderhoud te voorzien. Sommige van deze werkgevers waren indrukwekkend en beroemd. Ze hadden geweldige kinderen, brachten hun vakanties in luxe oorden door en hadden alles wat zij maar wilden. Maar dan nog voelden ze zich ellendig, net als wij. Dus wat had het allemaal voor zin? Het leven verloor zijn betekenis.

Hoe ouder ik werd, des te smakelozer en kleurlozer het leven leek te worden. Ik was kwaad op de wereld voor al het geweld en onnodige lijden dat we anderen aandoen. Niets was mooi. Niemand was inspirerend. Alles was onecht.

Ik geloofde niet in liefde. Ik was ervan overtuigd dat mensen alleen maar doen alsof ze van elkaar houden om er iets voor terug te krijgen. Ik probeerde mijn levensduur op een natuurlijke manier te verkorten: ik dronk twee liter koffie per dag en rookte twee pakjes sigaretten. Ik voelde me ellendig.

Op een gegeven moment begon er iets te veranderen. Ik begon te begrijpen dat het probleem bij mij lag. Hoe kon ik van iemand verwachten dat hij was wat ik zelf niet kon zijn? In plaats van me op de fouten van anderen te richten besloot ik mezelf te veranderen.

Ik begon met therapie. Mijn therapeut suggereerde dat ik deel zou nemen aan een 'healing workshop'. Die was gericht op het wakker maken van het innerlijk kind en het helen van de 'vadergeschiedenis'. Het was precies wat ik zocht.

De man die de workshop leidde, besteedde veel aandacht aan mij. Hij nodigde me uit om gratis naar zijn volgende workshop over spiritualiteit te komen. Ik reisde met hem mee en hielp hem met zijn werk. We werden goede vrienden en hij werd als een vader voor mij.

Ongeveer een jaar nadat ik met dit werk begonnen was, was ik bij een vriendin en vroeg haar terloops: "Wat ga jij dit weekend doen?"

"Ik ga naar Amma," antwoordde ze.

Ik voelde iets wat ik nooit eerder gevoeld had, een prikkeling diep in mijn hart.

"Ik ga ook," zei ik zomaar. Ik vroeg niet eens wie Amma was of wat ze deed. Iets in me wist gewoon dat ik haar moest zien.

Toen ik mijn leraar vertelde waar ik heen ging, probeerde hij me ervan af te houden. Hij mopperde: "Maar ik ben toch ook een gerealiseerde meester." Ik zei niets. Ik hield heel veel van hem, maar ik wist dat ik moest gaan.

Ik kwam de volgende dag vroeg bij het programma aan en was een van de eersten in de rij voor de darshan. De energie in de darshanzaal was hartverwarmend; de atmosfeer voelde zo zuiver. Toen ik naar Amma ging, keek ze me aan en lachte en lachte. Ik staarde naar haar, helemaal overrompeld. Ineens vond ik het ook allemaal heel grappig en lachte met haar mee.

Ik bleef de volle drie dagen op het programma. De hele tijd stroomden er tranen over mijn wangen. Ik was niet verdrietig, dat was het niet. Ik kon gewoon niet ophouden met huilen. Ik kan het niet echt uitleggen. Toen die drie dagen voorbij waren, voelde ik me helemaal hernieuwd, anders op ieder niveau: fysiek, emotioneel en spiritueel.

De meest opvallende verandering was, dat mijn kwaadheid en pijn omdat ik niet wist wie mijn vader was, helemaal verdwenen was. De verschrikkelijke pijn die dagelijks door mijn hart gesneden had, was weg. Ik had alles geprobeerd om die wond te helen en niets hielp totdat ik Amma ontmoette. In nauwelijks drie dagen verdween de crisis waarvoor ik jarenlang een oplossing had gezocht.

Ik heb nog steeds mijn onzekerheden, mijn angst om afgewezen te worden en dat soort dingen. Maar ik heb nooit meer het pijnlijke verlangen om zijn naam te weten, zijn gezicht te zien of hem te ontmoeten. Ik voel me niet langer in de steek gelaten en ben niet meer kwaad op mijn moeder, die me de waarheid niet had willen vertellen. Mijn relatie met haar begint ook te verbeteren.

Toen ik Amma ontmoette, wist ik dat de liefde waarvan ik droomde, werkelijk bestond. Mijn hele leven kreeg die dag betekenis. Ik besefte dat *zij* is wat ik de hele tijd gezocht had.

Amma vraagt ons om lief te hebben en te dienen op welke manier dan ook. Ik doe mijn best om haar leer te volgen. Ze heeft een radicale ommekeer in mijn kijk op het leven tot stand gebracht en me een doel gegeven. Ze stelt me in de gelegenheid om te dienen en daardoor verdrijft ze de duisternis uit mijn leven, en hopelijk uit het leven van de mensen om me heen. Ik geloof dat het inderdaad werkt, want mijn baas zegt tegenwoordig vaak tegen me dat ik te veel compassie met onze klanten heb.

Mensen zijn niet langer vijanden die me naar het leven staan. Dankzij Amma zijn mijn problemen niet langer een zware last, maar hulpmiddelen die ik kan inzetten voor mijn spirituele ontwikkeling. Ik kan moeilijkheden beter als mogelijkheden zien in plaats van als onoverkomelijke hindernissen. Toen Amma dat ene kaarsje in mijn hart aanstak, leek de duisternis in de wereld veel minder angstaanjagend.

Nu is mijn biologische moeder een goede vriendin; dat is helemaal Amma's genade. Zodra ik mijn kwaadheid overwonnen had, veranderde onze relatie. Onlangs heb ik haar een dankbrief geschreven: "Dank je wel. Dank je wel dat je me ter wereld hebt gebracht. Dank je dat je me gehouden hebt, hoewel je erg jong was en het een moeilijke tijd was. Ik geniet ervan dat iedere dag de mogelijkheid geeft om te groeien, te leren en, het belangrijkst van allemaal, te dienen. Dank je wel, want ik hou van deze wereld en van mijn leven."

Amma verblijft voortdurend in een staat van onbaatzuchtige liefde. Ze nodigt ons uit haar daarin te volgen. Wanneer we anderen dienen, vloeit Amma's energie en genade naar ons toe.

Amma geeft het ideale voorbeeld. Hoe donker de wereld om ons heen ook mag lijken, steeds laat ze ons zien dat we intense vreugde en geluk kunnen ervaren wanneer we een leven proberen te leiden dat gewijd is aan geven en onbaatzuchtig dienen.

We hoeven geen grote, belangrijke dingen te doen. Er is namelijk altijd wel iemand bereid om een probleem aan te pakken als het als belangrijk gezien wordt. Het zijn eerder de kleine dingen die we doen, zoals afval oprapen of iemands bord afwassen, die voldoening en vreugde in ons leven brengen. Als we gelukkig kunnen zijn door het verrichten van dit soort kleine diensten, zullen we een sterk gevoel van tevredenheid ervaren (én de dingen worden mooi opgeruimd).

Het klinkt misschien verbazingwekkend, maar wanneer we bewust en met zuivere liefde iets weggeven, is er geen sprake van opoffering. Voor spirituele zoekers kunnen hard werk en verlies een enorme bron van geluk worden (ondanks een paar blaren en wat pijnlijke spieren).

In mijn leven kreeg ik de liefste, prachtigste zegeningen van Amma, die me in staat stelden om haar liefdadige projecten te dienen. Niet iedereen kan naar India komen om te dienen, maar waar ter wereld we ook zijn, het leven biedt ons vele kansen om te dienen. Als we dat doen, openen de sluizen van genade zich en wordt het leven een prachtig avontuur.

Hoofdstuk 11

De wanhoop van een gebroken hart

Onze grootste glorie ligt er niet in dat we nooit vallen, maar dat we opstaan, iedere keer als we vallen.

– Confucius

Ik ben geboren in een ashram en leidde een spiritueel leven tot mijn zestiende. Ik voelde me als kind heel gelukkig en sereen. Onze ashram was een stille plek. We hadden heel weinig, maar we waren tevreden.

De gemeenschap naast onze ashram was een andere wereld. Veel rijke mensen liepen er over straat. Onze buurman was een zoon van Ringo Starr. Ik groeide op te midden van veel rijke en beroemde mensen, maar voelde me daar nooit echt bij thuis.

Sommige vrienden van me waren zo materialistisch ingesteld dat ze iedere maand een nieuw 'speeltje' moesten hebben: een nieuwe auto, een nieuwe boot, de nieuwste drug.

Het merendeel van mijn klasgenoten begon rond hun twaalfde met uitgaan, seks en drugs, maar het lukte me goed om daar niet aan mee te doen. Ik had het niet nodig. Ik wist waar het in het leven werkelijk om draaide; ik was gelukkig.

En toen, van de ene dag op de andere, veranderde alles. Mijn goeroe stierf toen ik zestien was en mijn hele wereld stortte in. Ik kan me de dag waarop hij stierf nog duidelijk voor de geest halen. Ik was ontroostbaar en kon niet ophouden met huilen. Mijn moeder en broers hadden net zoveel verdriet en daarom konden we elkaar niet troosten. We voelden ons allemaal verloren. Van het ene moment op het andere verdween alles; alles waar we in geloofden en wat we vertrouwden verdween helemaal uit ons leven.

Ik begrijp nu dat die pijn voortkwam uit mijn gehechtheid aan een uiterlijke vorm, maar nooit eerder had ik een vorm gekend die zo volmaakt was als de zijne. Ieder woord, iedere ademhaling en alles wat hij deed, was in volmaakte harmonie met de schepping. Hij was mijn beste vriend, mijn vader, mijn moeder en mijn meester. Hij was er altijd om me te leiden, om me de weg te wijzen naar verlossing.

De wanhoop van een gebroken hart

Ik kon me niet voorstellen dat iemand in de wereld hem ooit zou kunnen vervangen. Ik respecteerde hem als geen ander, hield met heel mijn hart van hem; hij was mijn rots in de branding.

Door dit verlies kwam ik in een neerwaartse spiraal terecht. Ik draaide helemaal door. Volkomen radeloos zocht ik een manier om de pijn te verdoven, om de gapende leegte in mijn hart te vullen. Ik voelde me door het verlies zo leeg en verlaten dat ik niet langer wilde leven. Als de hele wereld alleen maar bestond uit het najagen van materiële illusies en lege zinloze ambities, zag ik geen reden om door te gaan.

Ik begon alcohol en drugs te gebruiken. Ik wist werkelijk niet meer wat ik met mijn leven aan moest en begon erop los te leven alsof het daardoor tenminste nog enige zin kreeg. Ik zei ja tegen alles wat op mijn weg kwam, hoe duister of gevaarlijk het ook was. Ik sloot me aan bij mijn leeftijdgenoten. In hun realiteit bestond God niet; wíj waren de goden. Mijn vrienden en ik dachten dat we boven alles stonden, ook boven de wet. We leefden gevaarlijk en deden waar we zin in hadden. We waren de ergste pubers die je je voor kunt stellen.

Mijn moeder was erg bezorgd over mij en begon naar een nieuwe meester te zoeken, een levende goeroe. Ze wist dat het van het grootste belang was om iemand te vinden die ons kon onderwijzen en leiden.

In 2001 werden haar gebeden verhoord toen ze ergens een poster van Amma zag. Ze ging naar het programma en kwam enthousiast terug. "Amma is hetzelfde," vertelde ze ons. "Ze onderwijst hetzelfde en heeft dezelfde energie. Je moet naar haar toe!"

Maar mijn hart zat op slot. Ik wilde me niet voor een nieuwe goeroe openen; het deed te veel pijn. Ik weigerde naar het programma te gaan. Het jaar daarop kwam Amma terug. Op de een of andere manier slaagde mijn moeder erin me mee te slepen. Ik weigerde naar de darshan te gaan, maar ik zat urenlang naar Amma te kijken.

Ik voelde me vies en onrein als ik naar haar keek, omdat ik aan alle dingen dacht die ik mezelf had aangedaan. Ik kon haar spirituele grootheid voelen en wist dat ik het niet verdiende om haar darshan te ontvangen.

Mensen in het wit bleven naar me toe komen en dezelfde vervelende vraag stellen: "Heb je al darshan gekregen?" Ze bleven aandringen, maar ik wilde er echt niet heen. Ik wilde geen omhelzing krijgen van een Indiase dame die ik niet kende. Maar zo'n drie uur later besefte ik dat er maar een manier was om van ze af te komen: ik moest naar de darshan gaan.

Toen Amma mij in haar armen nam, ervoer ik een onmetelijk lege, eindeloos diepzwarte ruimte. Het sloeg nergens op, maar het riep een herinnering in me wakker. Als ik met mijn eerste goeroe mediteerde, had ik vaak gelukzalige meditaties over een onmetelijke, uitgestrekte leegte.

Amma's darshan fungeerde als een brug die me opnieuw verbond met hoe ik me voelde in zijn aanwezigheid: smetteloze zuiverheid en onvoorstelbare onschuld. Die vertrouwde herinneringen kwamen onmiddellijk terug.

Het voelde alsof Amma mijn karmische last opruimde; ze maakte me schoon. Ik begreep niet wie Amma was, maar ik begon me wel mijn eigen heelheid te herinneren.

Hoewel die eerste darshan mooi was, was dat niet genoeg om mijn leven werkelijk te veranderen. Alles werd eigenlijk alleen maar erger, omdat ik steeds verder wegzakte in het moeras van slecht gezelschap. Ik ging om met mensen die eigenlijk alleen maar geïnteresseerd waren in het najagen van hun eigen plezier. Deze mensen hadden een zeer duistere natuur en we begonnen ons in te laten met

Een licht in de duisternis

criminele activiteiten. Ik begon na te denken over waar het met mijn leven heenging: ik gleed af naar de duisternis.

Op een nacht gaven mijn vrienden een enorm feest op een jacht. Ze hadden op een smerige manier op iemand wraak genomen en besloten om dat met een berg drugs te vieren.

Ik besloot dat ik deze planeet ging verlaten. Ik had genoeg van mijn leven. Ik wilde niet langer met deze mensen omgaan of een leeg en zinloos leven leiden. Ik wilde overal een einde aan maken. Ik zag geen andere uitweg en daarom besloot ik een overdosis te nemen. Ik ging naar beneden naar de kiel van de boot. Het was midden in de winter.

Ik ging op het ijskoude metaal liggen en liet de kou diep in mijn lichaam doordringen. Eerst werden mijn tenen gevoelloos, toen mijn kuiten. Langzaam kroop de kou naar boven. Ik verloor het gevoel in mijn handen en uiteindelijk voelde ik dat mijn hart stilstond. Ik kon voelen dat er een klein beetje bewustzijn over was, een kleine warme ruimte in mijn geest. Toen verdween dat ook, en ik was vertrokken.

Plotseling werd ik omgeven door een verbazingwekkend helder licht. Het was onbeschrijflijk en onmetelijk weids. Ik voelde een immense vreugde en opluchting. Het enige wat ik wilde was alles achter me laten en opgaan in dat Universele Bewustzijn, in dat stralende licht der lichten.

Toen ik dieper in het licht opging, verscheen er een vorm, eerst erg klein maar allengs werd hij groter totdat hij een menselijke omvang had. Toen ik op het randje van de dood was, kwam mijn eerste goeroe me begroeten.

Toen ik als kind in zijn ashram woonde, maakte hij ons iedere morgen wakker door een belletje te luiden en te zeggen: "Wakker worden! Wakker worden! Het is tijd om wakker te worden!" Deze keer luidde hij de bel en zei: "Het is nu *niet* de tijd! Wakker worden! Wakker worden!"

Al het licht werd in mijn lichaam teruggeduwd. Ik sprong op en strompelde de boot af. Het enige wat ik kon denken was: "Ik moet naar huis. Ik moet naar huis!"

Ik belde mijn moeder op en smeekte: "Alsjeblieft! Wil je me alsjeblieft ophalen?" Het was drie uur 's nachts, maar mijn moeder stapte in haar auto en reed twee uur om mij op te halen.

Ik wist toen dat ik mijn leven drastisch moest veranderen.

Amma kwam twee weken later naar onze stad.

Ik wilde vragen of er iets was waarmee ik Amma's organisatie of haar charitatieve projecten kon helpen, maar ik was te verlegen om iemand met mijn domme vraag lastig te vallen. Binnen twee minuten ontmoette ik iemand die me, ondanks mijn bezwaren, naar Amma sleurde en tegen haar zei: "Amma, deze jongen wil helpen."

Amma keek me heel lief aan. Haar ogen straalden. Ze vroeg: "Kun je naar India komen?"

Ik had daar nooit eerder aan gedacht, maar ik wist dat dit mijn kans was. Dat is elf jaar geleden.

Het is moeilijk om te zeggen hoeveel ik in de loop der jaren spiritueel gegroeid ben, maar dit kan ik wel zeggen: onlangs ontmoette ik een van mijn beste vrienden van destijds. Hij is al die jaren dat ik in India was, verslaafd gebleven. Hij heeft nog steeds dezelfde vrienden en zijn leven is in wezen hetzelfde als elf jaar geleden. Zijn aftakeling was een enorme schok: hij kon niet meer normaal praten en brabbelde onduidelijk, hij kon niet stil zitten, had voortdurend jeuk en kon niet ophouden met krabben. Hij was vreselijk nerveus en rusteloos en kon amper functioneren.

Ik besefte toen: zo zou ik ook geweest zijn, als ik het al overleefd had.

Ik zie nu dat een leven in de aanwezigheid van de goeroe je lot kan veranderen. Dat is de kracht van een volledig gerealiseerde ziel. Amma hield me zo aan het werk en gericht op mijn seva, dat ik niet eens de tijd had om andere, minder productieve wegen te overwegen of volgen.

Ik voel me eindelijk weer vredig en het verlangen om verdovende middelen te gebruiken is volledig verdwenen. Amma is de grootste zegen in mijn leven. Ik weet dat, als het iemand anders, iets anders geweest was, ik weer in mijn oude gewoontes teruggevallen zou zijn.

Amma's liefde en leiding hielden me overeind en hebben me veranderd. Ze schept een sfeer en een omgeving die alomvattend, vervullend en liefdevol is, waardoor je niets anders meer nodig hebt. Ik dank Amma iedere dag voor wie ze is en wat ze doet. Alle wereldse verdiensten vallen in het niet vergeleken met een leven dat besteed wordt aan het dienen van zo'n gerealiseerde ziel.

Amma heeft gezegd dat alleen al de vibraties van een wereldse omgeving genoeg zijn om ons naar beneden te trekken en daarom dienen we echt een spirituele routine te volgen. Golven van gedachten en emoties zullen altijd tegen de kust van onze geest slaan, maar we moeten ons daardoor niet naar beneden laten slepen.

Wanneer we proberen ons op Amma af te stemmen door positieve gedachten, liefdevolle handelingen en gebed, bereiden we de weg naar echte voldoening. We zijn altijd slechts één gedachte van haar verwijderd. Maar we moeten er voortdurend op toezien dat onze geest niet afglijdt naar negatieve zaken, opdat haar genade ons van binnenuit kan blijven bezielen. We krijgen alleen echte innerlijke vrede als we naar binnen kijken en een goed leven leiden dat gewijd is aan het helpen van anderen. Als we ons leven wijden aan dienstbaarheid, maken we niet alleen de wereld om ons heen beter, maar ook onszelf.

Hoofdstuk 12

Het genezen van een trauma

*Hoe dieper pijn in je wezen snijdt,
des te meer vreugde kun je bevatten.*

– Khalil Gibran

Mijn dochter is geen volgeling van Amma. Ze houdt zelfs niet van Amma, maar dat doet niets af aan het feit dat Amma haar leven gered heeft.

Toen mijn dochter zestien was en op een middag van school naar huis liep, werd ze aangereden door een auto die te hard reed. Ze werd de lucht in geslingerd en kwam met een smak op het wegdek terecht. Ze brak haar dijbeen en had nog heel wat meer verwondingen, maar ze overleefde het.

Zoals veel mensen die een levensgevaarlijk trauma overleven, ontwikkelde ze een acute posttraumatische stressstoornis. Ze kreeg last van paniekaanvallen bij het oversteken van de straat, werd heel kwaad en agressief en was er, net als veel andere mensen die aan PTSS lijden, van overtuigd dat ze jong zou sterven.

Na de middelbare school ging ze een opleiding voor fotojournalistiek volgen. Ze was van plan om naar een land te gaan waar een hevig conflict woedde en daar foto's van het 'vredesproces' te maken. Maar het probleem met vredesprocessen is, dat er altijd een oorlog aan voorafgaat. Ze zei soms dingen als: "Weet je, van alle beroepen lopen fotojournalisten de meeste kans om ontvoerd en vermoord te worden." Ik denk dat ze gewoon wilde zien hoe ik zou reageren.

Als onze gesprekken wat persoonlijker werden, gaf ze soms aan dat ze niet van plan was om ouder te worden dan een jaar of vijftig. En ik denk ook niet dat ze veel zin had in een gezinsleven. Ze was van plan om te gaan reizen en foto's te maken totdat ze ontvoerd en gedood zou worden. Niet bepaald een goed plan, maar ik denk dat ze vond dat het iets avontuurlijks had. Ik dacht daar duidelijk anders over.

Na haar afstuderen ging ze eerst naar India. Ze kwam me opzoeken in Amritapuri en ging ook foto's maken van een festival in Varanasi. Daarna zou ze op zoek gaan naar een oorlog om die te fotograferen.

Ik geef toe dat ik niet erg aardig was. Ik maakte me zorgen over haar plannen en maakte de hele tijd ruzie met haar. "Baby's zijn zo schattig," zei ik dan, of: "Denk je niet dat je je tijd beter kunt gebruiken door portretten te maken?"

Zij wilde een gewone, prettige moeder-dochterrelatie, maar telkens als we bij elkaar waren, ergerde ik me zo aan haar onzalige ideeën dat het altijd op ruzie uitliep.

Het enige goede wat ik deed was onophoudelijk voor haar bidden. Mijn mantra werd: "Alstublieft Amma, neem het hart van mijn dochter. Alstublieft, neem haar hart." Dit gebed vervulde me. Mijn dochter was geen volgeling, maar diep in mijn hart wilde ik verschrikkelijk graag dat Amma mijn meisje zou opeisen als haar dochter.

Toen ging Amma weg op de Zuid-Indiatournee. Ik ging terug naar Amerika en mijn dochter bleef alleen in de ashram achter. Natuurlijk is niemand in de ashram ooit echt alleen. Amma heeft zeer duidelijk aangegeven dat de ashram haar lichaam is.

Een paar dagen later gebeurde er iets onverklaarbaars. Toen mijn dochter op een middag na de meditatie op bed lag, voelde zij dat een diepzwarte, dompige energie uit haar hart omhoogkwam en haar verliet. Het was alsof jaren van trauma gewoon weggenomen werden. Ik ken niet alle details van die ervaring, maar ik weet dat ze daarna nooit meer dezelfde was.

Toen ze twee weken later thuiskwam, was haar gezicht stralend en helder, net zoals toen ze een kind was. Niet alleen was haar acne verdwenen, haar gezicht was volkomen ontspannen, alsof haar pijn helemaal verdwenen was. Mensen zeiden tegen haar: "Je ziet eruit alsof je vijf kilo bent afgevallen." Ze had echter geen fysiek gewicht verloren, maar het was emotioneel en spiritueel.

Plotseling konden we op een heel nieuwe manier met elkaar omgaan. Het geruzie was voorbij en het was alsof we voor het eerst in jaren dezelfde taal spraken.

Kort daarop vond ze in een oorlogsgebied aan de andere kant van de wereld een stage als persfotograaf en stapte het vliegtuig in. Iedere keer dat er een bom viel, vroeg ze of ze erheen mocht om de ravage vast te leggen. Ze belde me op en deed alsof ze teleurgesteld was, want haar baas bleef haar verzoeken afwijzen. (Hij vond dat een jonge vrouw met de minste ervaring van het hele team niet het gevaarlijkste werk kon doen.)

Al na zes maanden 'droomstage' besloot ze te vertrekken. Toen realiseerde ik me pas goed dat er werkelijk iets ingrijpend veranderd was. Ze was er met haar hart niet meer bij. Ze werd nu helemaal in beslag genomen door haar prille liefde voor God.

Ze kwam naar huis en bracht veel tijd door met de jeugdgroep van een plaatselijke evangelische kerk. Als ze geen vrijwilligerswerk voor de kerk deed, las ze de bijbel of boeken over Jezus. Ze was vastbesloten om zoveel mogelijk over spiritualiteit en religie te leren. Het was een volledige ommekeer. Ze had daarvoor nooit ook maar de minste belangstelling voor God gehad. Ze was altijd kunstenaar, atheïst en kwaad geweest. Maar nu was ze anders.

Een paar maanden lang, misschien een jaar, deed mijn dochter de IAM-meditatie op het dak van haar kerk. Ze droeg altijd de mala die ze in Amritapuri gekocht had. Ze zei dat ze wilde blijven denken aan het wonder in India. Maar naarmate de tijd verstreek, vergat ze Amma en de mala werd afgedankt.

Plotseling was het 'God' die haar genezen had. In haar gedachten had haar verandering niet langer iets te maken met 'die Indiase vrouw'. Naarmate ze zich meer en meer in de christelijke traditie verdiepte, wilde ze steeds minder iets met Amma te maken hebben. Ze geloofde niet langer in goeroes.

Nu zou ik haar met geen mogelijkheid naar Amma of een ashram krijgen, zelfs niet als ik erom smeekte. Ik probeer haar te vertellen dat Amma en Jezus hetzelfde zijn, maar ze is nog steeds even koppig als altijd en wil het niet horen.

Dankzij Amma is mijn dochter erg gelovig. Ze is getrouwd en woont met haar man in een veilige buurt in een voorstad. Ze denkt niet langer dat ze ontvoerd en vermoord zal worden en ze heeft geen plannen meer om in oorlogsgebieden te gaan fotograferen. Haar camera wordt nu voor andere dingen gebruikt. Ze maakt foto's van haar drie mooie kinderen.

Toen Amma het hart van mijn dochter heelde, wist ze dat ze nooit hindoe of Amma-volgeling zou worden. Dat was ook niet belangrijk. Ze is een volgeling van Christus en dat is meer dan genoeg.

Amma deed wat ik nooit kon: ze heelde ons kind van binnenuit. Ik weet absoluut zeker dat Amma volledig en onvoorwaardelijk van ons houdt, of ze nou erkend, bedankt en geprezen wordt of niet.

Echte moederliefde wil alleen maar dat haar kinderen gezond en gelukkig zijn.

Dankzij Amma is mijn dochter 'herboren'.

Amma ziet de hele wereld als een familie en ons allemaal als Gods kinderen. Voor haar is er geen verschil tussen mensen die aan haar vorm toegewijd zijn en mensen die dat niet zijn. Zij heeft geen oordelen die grenzen trekken. Terwijl wij onze verschillen tegen elkaar gebruiken en daardoor conflicten en oorlogen veroorzaken, smelt Amma al die denkbeeldige verschillen om tot een allesomvattende stroom van liefde.

Soms vergelijk ik Amma met een krachtige MRI (magnetic resonance imaging) scanner. Ze kijkt dwars door ons heen, door al onze menselijke zwakheden, gehechtheid en negativiteit, direct naar de goedheid die diep in ons hart verborgen ligt. Ze weet precies wat we nodig hebben en als ze ons omhelst, vervult ze ons van liefde en maakt ons weer heel. Ze tilt heel zachtjes de zware last, die we vaak al jarenlang of zelfs levenslang met ons meedragen, van onze schouders.

Een licht in de duisternis

Amma oordeelt nooit over wat we geloven, of we nu religieuze, spirituele of wereldse mensen zijn. Het enige wat ze wil is dat we ons ontplooien tot wie we werkelijk zijn: ze wil ons opbeuren als we verdrietig zijn, met ons meegenieten als we lachen en het verdriet van onze tranen drogen.

Hoofdstuk 13

Durga zit in je

Uit lijden zijn de sterkste zielen voortgekomen;
de meest indrukwekkende karakters
zijn gebrandmerkt met littekens

– Khalil Gibran

Ik ben in Amerika geboren en mijn ouders waren zeer liefdevol en spiritueel. Mijn vader had zeven jaar als monnik geleefd en mijn moeder was meditatielerares. Ze waren allebei aan God toegewijd en ze voedden me met heel veel liefde op.

Ik had een gelukkige jeugd en mijn ouders stimuleerden en steunden mij in alles, maar toen ik achttien werd, veranderde dat allemaal. Ik werd verliefd op een man die twintig jaar ouder was dan ik. Hij was onweerstaanbaar en charismatisch en ik dacht dat hij erg spiritueel was. Hij sprak in ieder geval veel over spiritualiteit. Drie weken na onze eerste ontmoeting trouwden we.

Mijn ouders waren tegen het huwelijk en gaven geen toestemming. Het was de eerste keer in mijn leven dat ik iets tegen hun wensen in deed en het was de grootste fout in mijn leven.

Mijn man was ongelooflijk grof. Hij dwong me het contact met mijn vrienden en familie te beëindigen. Hij dreigde regelmatig dat hij me in de gevangenis zou laten zetten en soms zelfs dat hij me zou vermoorden. Hij vertelde me voortdurend dat al onze problemen mijn fout waren en zei me voortdurend wat een vreselijk iemand ik was. Ik geloofde hem.

Ik mocht niet gaan wandelen zonder zijn toestemming. Als hij erachter kwam dat ik met iemand gesproken had, over de telefoon of persoonlijk, zonder zijn expliciete toestemming, werd ik 's avonds geslagen. Ik leefde voortdurend in angst.

Drie maanden na ons huwelijk besloot ik bij hem weg te gaan. Toen ontdekte ik dat ik zwanger was. Het was de donkerste dag in mijn leven. Mijn jeugd was zo mooi geweest, maar ik wist dat ik dat geschenk niet aan mijn kind kon doorgeven. Ik worstelde lang met de beslissing, maar uiteindelijk besloot ik te blijven.

Ik begon wat kleine spirituele oefeningen te doen om me wat beter te voelen, maar het was echt moeilijk. Telkens wanneer ik een beetje opkrabbelde, duwde hij me weer naar beneden. Kort na de geboorte van mijn dochter nam mijn man ons mee naar Oklahoma, ver weg van iedereen die ik kende. Telkens wanneer ik iets deed wat hem niet beviel, dreigde hij de politie te bellen om mijn dochter bij me weg te halen.

Ik verzamelde moed en mailde stiekem met mijn moeder. Ze vertelde me dat ze Amma ontmoet had en dat ze per mail een foto van haar zou sturen.

Ik ontving een heel klein zwart-wit fotootje van Amma. Ik maakte er een printje van en plakte het op mijn muur. Elke dag keek ik naar haar en huilde. Er stond een korte mantra onder de foto en die mantra werd mijn mantra. Ik herhaalde die alsmaar en stortte mijn hart uit bij het fotootje.

Vanaf het moment dat ik tot Amma begon te bidden, begon ik me steeds sterker te voelen. Op een dag – ik wist niet wat me overkwam – eiste ik dat we terug naar huis zouden gaan. Ik vertelde mijn man dat ik uit Oklahoma vertrok en onze dochter met me meenam. Hij kon kiezen of hij met ons meeging of niet, maar wij vertrokken.

Hij schrok van de kracht die ik op dat moment had. Hij gaf toe en we verhuisden terug naar huis.

Maar desondanks accepteerde ik nog steeds alle vreselijke dingen die hij zei: ik geloofde dat ik de slechterik was.

Eenmaal thuis wist ik hoe ik de zaak moest aanpakken. Ik had vrienden en familie en ik kreeg in het geheim een baantje. Nog steeds klampte ik me uit alle macht vast aan dat kleine zwart-wit fotootje: het was mijn enige houvast.

Toen ik hoorde dat Amma naar Amerika kwam, wist ik dat ik naar haar toe moest. Opnieuw nam een verbazingwekkende kracht bezit van me en ik stond erop dat we naar haar toe gingen.

Toen we de programmazaal binnenliepen, voelde ik dat ik het doel van mijn leven gevonden had. Vanaf dat moment wilde ik niets anders meer dan mijn leven wijden aan dienstbaarheid.

Door haar foto had ik al zo'n intieme relatie met Amma gekregen, dat de persoonlijke ontmoeting met haar buitengewoon krachtig was.

Mijn man en ik probeerden als gezin naar de darshan te gaan, maar de mensen rondom Amma lieten dat niet toe. Ze scheidden ons telkens opnieuw. Toen ik uiteindelijk naar mijn darshan ging, was ik alleen. Het was zo intens. Ik had echt het gevoel dat ze me al kende, dat ze op me gewacht had. Ik schreeuwde van binnen: "Moeder, ik wil vrijheid! Ik wil God!" Amma hield me vast bij mijn schouders en keek diep in mijn ogen. "OKAY!" zei ze.

Na de darshan kon ik mijn man lange tijd niet vinden, maar dat was prima. Er was diep van binnen iets veranderd: ik was er klaar mee.

Vanaf dat moment bad ik: "Amma, neem mij alstublieft. Neem mij nu." Ik wist niet hoe het zou gebeuren, maar ik wist zeker dat ze me zou redden.

Hierna werd ik veel onafhankelijker. Ik geloofde niet langer in de mentale spelletjes en het getreiter van mijn man. Ik verhuisde van onze slaapkamer naar een andere kamer in ons appartement en vertelde mijn man over mijn geheime baan. Ik vertelde hem zelfs over de auto die ik gekocht had en die altijd wat verderop in de straat geparkeerd stond, zodat hij er niet achter zou komen.

Als reactie op mijn toegenomen kracht werd zijn gewelddadigheid erger en dus ook meer zichtbaar voor de buitenwereld. Onze ruzies werden zo heftig en luid dat buren me vroegen of ik hulp nodig had. Op een dag liep het geweld zo hoog op dat een buurvrouw aanbelde, nadat hij de deur achter zich dicht had gesmeten. Ze vroeg of ze me naar een Blijf van Mijn Lijf Huis moest brengen. Ik bedankte haar en zei dat het niet nodig was. Ik vertrok. Ik pakte één tas voor mijn dochter en een voor mij en we reden weg.

Amma gaf me de kracht om te gaan. Het bidden tot Amma en het besef dat ze er altijd voor me is, gaven me de kracht die nodig was om weg te gaan.

Tegenwoordig sta ik bekend als een supersterke vrouw, een vrouw die dingen voor elkaar krijgt. Amma heeft dat voor mij gedaan. Voordat ik haar kende, was ik onderdanig, ik sprak zachtjes en was te verlegen om in het openbaar iets te zeggen. Ik kon zelfs niet in het plaatselijke koor zingen, omdat mijn stem van angst oversloeg. Ik liet toe dat mijn man mij koeioneerde en mishandelde, omdat ik te bang was om voor mezelf op te komen, terug te vechten of weg te lopen.

Amma heeft een enorm reservoir aan kracht, moed en lef in mij aan het licht gebracht. Ik wist helemaal niet dat het er was. Nu leid ik een organisatie zonder winstoogmerk en geef lezingen door het hele land. Ik geef cursussen en organiseer bijeenkomsten voor honderden mensen. Dankzij Amma kan ik mijn leven inzetten om iets goeds tot stand te brengen.

Amma ziet de ruwe diamanten die in ons verborgen liggen en brengt ze aan het licht. Ze snijdt ze, slijpt ze en poetst ze totdat ze beginnen te schitteren. Nu leef ik zonder angst. Dat is de diamant die Amma in mij naar boven heeft gebracht. Amma is mijn kracht en mijn leidend licht. Zij is de onoverwinnelijke Durga Devi in mij.

Als we met grote moeilijkheden geconfronteerd worden, lijkt dat vaak zo onredelijk. Maar hoeveel problemen er ook op ons pad komen, we moeten doorgaan en een bepaalde mate van gelijkmoedigheid bewaren, zelfs als we er middenin zitten. Als we dat kunnen, zijn we als een lotusbloem die groot en rank oprijst uit vuil en modder.

We leren meer van moeilijkheden als we ze als een test zien, als een uitdaging om te groeien en onze geest sterk en zuiver te maken. Amma wijst ons erop dat het sterkste, beste staal alleen maar in de heetste ovens gemaakt kan worden. Beproevingen en pijnlijke ervaringen zijn er niet om ons te straffen of vernietigen, maar meer om ons te dwingen ons ware potentieel te ontdekken. Diep in ons liggen ongebruikte schatten verborgen. Gelukkig voor ons kijkt Amma door al onze pijn en angst heen en helpt ze ons om de onbetaalbare rijkdommen te ontdekken die we in ons hebben, waar we ook zijn

Met Gods genade kan het pijnlijke karma dat we moeten doorstaan, getransformeerd worden in waardevolle levenslessen. Wanneer we leren ons aan een hogere macht over te geven, worden we krachtig, moedig en ontvankelijk voor onze eigen transformatie. De sluier wordt een beetje opgetild en dan kunnen we de verborgen schoonheid zien die onder het oppervlak ligt.

Alleen wij zijn verantwoordelijk voor de situaties waarin we ons bevinden. Ze zijn het gevolg van onze keuzes en ons karma. Gelukkig geeft God ons altijd op een zeer mooie manier terug wat ons toekomt: door ons in situaties te plaatsen die nodig zijn om ons te laten groeien. Dit is misschien moeilijk om te accepteren, maar als we ons, geholpen door dit inzicht, volledig kunnen overgeven aan de gegeven situaties, zullen we diepe vrede verkrijgen en uiteindelijk op een mooie manier veranderen.

Wees sterk. De verwarde knopen van karma zijn moeilijk te dragen, maar na verloop van tijd en met geduld, moed en het juist begrip zullen ze zich ontrafelen en ons bevrijden.

Hoofdstuk 14

Voor het leven kiezen

*Vertrouwen is de eerste stap zetten,
ook al zie je niet de hele trap.*

— *Martin Luther King, Jr.*

Voordat ik Amma ontmoette, ging ik voortdurend het ziekenhuis in en uit, naar de psychiatrische afdeling. Mijn enige troost in het leven was de gedachte aan zelfmoord. Ik weet niet of ik het echt wilde doen, maar het leek vaak de beste keuze. Een paar keer deed ik een serieuze poging om een einde aan mijn leven te maken, maar God bleef zich erin mengen en zo overleefde ik het iedere keer.

Ik wist werkelijk niet wat 'je goed voelen' betekende. Steeds wanneer ik iets goeds had, maakte ik het kapot. Ik was tot een van de beste universiteiten in het land toegelaten, maar ik werd eruit gegooid. Ik kon geen werk houden en werd arbeidsongeschikt verklaard. Ik haatte mezelf en ik haatte het leven.

Ik kon zelfs geen psycholoog of psychiater vinden die bereid was met me te werken. Therapeuten konden me niet behandelen, omdat ik te moeilijk voor hen was; ten minste, dat was wat ze mij vertelden. Ze 'ontsloegen' me stelselmatig.

Ik zat voor korte tijd in de gevangenis. Zelfs mijn eigen moeder probeerde me niet op borgtocht vrij te krijgen. Omdat ik niet capabel genoeg was om in de rechtbank terecht te staan, werd mijn geval doorverwezen naar de rechtbank voor de geestelijke gezondheidszorg. Daar werd ik opnieuw veroordeeld tot verblijf in een psychiatrische inrichting. Maar zelfs in die inrichting wilden ze me niet opnemen.

Ik ging naar de allerbeste inrichting in de omstreken. Ik had de juiste papieren en de juiste verzekering. Het was mijn laatste hoop. Maar ze wilden me niet eens toelaten. Nadat hij slechts één blik op mij geworpen had, zei de arts die de intake deed: "Vergeet het maar. Gezien de omstandigheden verwijs ik u naar het staatsziekenhuis."

Niemand wist wat ze met me aan moesten en ik wist al helemaal niet wat ik met mezelf moest doen. Ik voelde me volkomen waardeloos.

Om eerlijk te zijn, ik vond het stiekem leuk om in de inrichting te zitten en ik wilde er niet uit.

Ze gaven me te eten en lieten me mijn medicijnen innemen. Ze gaven me een routine. Het was meer dan ik voor mezelf kon doen.

Mijn beste vriendin was altijd bezorgd over me. Ze stond erop dat ik haar oom zou ontmoeten. Ik wilde er echt niet heen. "Wat gaat hij doen?" sprak ik tegen. "Het is gewoon weer zo'n verschrikkelijke man." Maar ze bleef aandringen.

Toen ik hem eindelijk ontmoette, was Amma het enige waarover hij wilde praten. Ik bleef denken: "Jazeker! Een of andere heilige gaat me helpen. Waarom zou ik dat geloven?"

Hij bleef praten en ik had echt zoiets van "Laat maar gaan." Maar zijn woorden kwamen toch over. Wat had ik te verliezen? Een deel van mij was nieuwsgierig, zelfs geïntrigeerd.

Een paar dagen later zag ik een folder waarop stond: *Wie is Mata Amritanandamayi?* Dat kon geen toeval zijn! Het was dezelfde Amma over wie de oom van mijn vriendin mij verteld had en dus ging ik naar de lezing. Maar ik bleef op mijn hoede, het maakte me achterdochtig.

Uiteindelijk besloot ik naar Amma's plaatselijke ashram te gaan, gedeeltelijk omdat ik nieuwsgierig was, maar vooral omdat ik niets anders te doen had. Amma was toen niet in de stad, maar ik vond de gemeenschap wel leuk en ging regelmatig naar de satsang.

Een paar maanden later kwam Amma naar de Verenigde Staten en ik besloot dat ik deze vrouw moest ontmoeten. Iedereen die ik kende kon het nergens anders over hebben. Ik vloog naar Seattle net zoals zij allemaal. Mijn vrienden bleven me vragen: "Hoe is het voor je? Vind je het leuk?"

Ik vond het verschrikkelijk. Ik glimlachte knarsetandend en loog: "'t Is prachtig. Hartstikke goed."

Ik glimlachte en lachte aan de buitenkant en hield iedereen behalve mezelf voor de gek. Mijn enige gedachte was: "Ik moet hier weg. Ik haat deze plek. Ik wil naar huis!"

Mijn vriendin bleef erop aandringen dat ik een mantra zou krijgen. Iedere keer dat ik haar zag herhaalde ze als een papegaai dezelfde vraag: "Waarom vraag je niet om een mantra?" Het was het enige waarover ze kon praten. Met tegenzin stemde ik ermee in. In ieder geval zou ze me dan met rust laten.

Na het programma wachtte ik boven op het balkon, klaar om te vertrekken. Ik herinner me dat ik over de balustrade hing en mijn leven haatte. Ik wilde dood. Opnieuw kwam die oude, vertrouwde vraag in mij op: "Waarom maak je er geen eind aan?"

Voor het leven kiezen

Uit het niets kwam mijn mantra in mijn hoofd op en wiste de negatieve gedachten uit, een voor een. Ik wist niet eens hoe ik de mantra juist moest zeggen, maar daar was hij en hij herhaalde zich alsmaar in mijn geest. Ik kon Amma's aanwezigheid naast me voelen en mij steunen.

Toen ik thuis was, ging ik op in seva. Hoewel mijn geest me vertelde dat ik alles aan Amma haatte, was er een aantrekkingskracht die ik niet kon weerstaan. Ik deed urenlang seva en hielp bij de voorbereiding van Amma's komst naar onze stad. Wekenlang ging ik helemaal op in spirituele oefeningen door seva te doen en mijn mantra steeds te herhalen. Begrijp me niet verkeerd, de depressie was er nog steeds en ik wist nog steeds niet wat ik deed en waarom. Maar niettemin voelde ik me onweerstaanbaar aangetrokken tot seva en mantra japa.

Langzaam smolten mijn haat en kwaadheid weg.

Verscheidene jaren (en talloze instortingen) later sleurde een volgeling me mee naar Amma, ze sleurde me letterlijk mee. Ze hield me stevig bij de arm vast en sleepte me tot naast Amma's stoel. Ik wilde niet, maar ze weigerde los te laten totdat ze me op de plaats naast Amma geduwd had.

Ze spraken een paar minuten en Amma zei tegen mij met behulp van een vertaler: "Je moet naar de dokters luisteren en je medicijnen blijven innemen. Als je dat *niet* doet, wordt je door de politie opgepakt." Dat was alles wat ze te zeggen had.

Ik vertrouwde de medicijnen niet. Als ik niet in het ziekenhuis lag of door de rechtbank bevolen was om ze in te nemen, vonden ze altijd hun weg naar het afval, ondanks de voorschriften van de dokter. Maar zodra Amma het woord 'politie' uitsprak wist ik dat ik moest luisteren. Ik schrok bij het idee dat ik terug naar de gevangenis zou moeten.

Toen Amma na het programma in haar auto stapte, riep ik luid "Amma, Amma, ik wil mee met u in de camper." Ik wist niet of ze me kon horen. "AMMA!" schreeuwde ik. Iedereen staarde me aan.

Amma keerde zich om. Ze keek me aan met die ogen, ogen die zeiden: "Uh huh. Wil je mee in de camper?" Toen keek ze me rechtstreeks aan, oog in oog en verklaarde heel serieus: "Neem pil. Neem pil!"

Zodra ik thuis was, belde ik de dokter en zei iets waarvan ik gedacht had dat ik het nooit in mijn leven zou zeggen: "Ik heb medicijnen nodig. Geef me wat medicijnen. Ik heb ze *nu* nodig!"

Door Amma's invloed is mijn leven langzaam veranderd. Nu ga ik naar de beste therapeut. Ze kan me zelfs op mijn moeilijkste dagen aan. Ze is een volgeling en Amma is de basis van onze relatie. Ik ga weer naar school en voor het eerst krijg ik mijn leven op orde.

Ik herinner me dat Amma tijdens het eerste programma dat ik in Seattle bijwoonde, zei: "Bid om genade, zelfs als je het niet voelt. Vergeet nooit dat God en de goeroe altijd voor je zullen zorgen, hoe je je ook voelt." Ik vertrouwde haar toen niet helemaal. Desondanks bad ik telkens opnieuw om haar genade. Ik bad dat ze naar me omkeek en voor me zorgde. Ik kan het niet uitleggen. Misschien was ik wanhopig. Niets anders hielp, maar dat wel.

In het verleden zat ik zo vol kwaadheid en zelfhaat, maar nu heb ik geleerd om vertrouwen te hebben. Ik weet dat Amma altijd bij me is en ik weet dat ze me nooit in de steek zal laten. Ze houdt van me en zorgt voor me.

Alleen wanneer je al je oordelen opzij zet, kun je Amma zien zoals ze werkelijk is: zuivere liefde en zuivere compassie. Als je niet weet wat liefde en compassie zijn, kun je ze moeilijk ontvangen. Geloof me, ik weet het.

Voordat ik Amma ontmoette, was ik helemaal verloren, gebroken en alleen. Ik had niemand en ik wilde me van het leven beroven. Amma heeft alles veranderd.

Ik heb nog steeds slechte dagen, heel veel, maar voor het eerst weet ik dat ik in orde ben. Jarenlang was mijn enige troost de gedachte aan zelfmoord. Nu is dat zelfs geen mogelijkheid meer. Amma leert me leven.

Al te vaak leven we alsof we in een gevangenis zitten. We zitten vast in een afgesloten wereld die we voor onszelf gecreëerd hebben. We willen de schuld van onze narigheden aan onze omgeving geven, aan andere mensen of zelfs God, maar het zijn onze eigen daden uit het verleden en onze innerlijke houding die ons gebracht hebben waar we zijn.

We zitten verstrikt in een kleverig web, dat geweven is van de herhaling van onze eigen slechte gewoontes. Als we zo vast zitten, lijkt het bijna onmogelijk om ons te bevrijden. Maar toch heeft Amma de geheime oplossing die het web kan ontwarren, de knopen kan ontrafelen en ons bevrijden.

Hoe onze omstandigheden ook zijn, we ervaren de wereld allemaal op een totaal verschillende manier. De meesten van ons baseren beslissingen en oordelen op onze steeds veranderende gedachten en emoties. Deze stromen altijd door ons heen en weerhouden ons ervan de werkelijkheid te zien. Maar dat is niet de manier waarop Amma leeft. Haar zienswijze is helder.

Iemand die de zuivere toestand van Godsrealisatie heeft verkregen, is vrij van de beroering van onophoudelijk kolkende gedachten en emoties. Duidelijkheid en een heldere visie zijn spontaan en komen direct voort uit de bron van innerlijke wijsheid. Ze staan altijd in verbinding met God.

Amma zegt dat de enige manier waarop de wereld kan genezen de kracht van de liefde is. En daarom is ze hier in deze vorm. Amma's liefde is er altijd voor ons. We hoeven ons alleen maar te herinneren dat haar liefde slechts een gedachte ver weg is. Amma's aanwezigheid is Gods grootste geschenk aan de lijdende wereld.

Hoofdstuk 15

Kiezen voor het licht

*Niets is zachter of soepeler dan water,
toch is er niets tegen opgewassen'*

– Lao Tzu

Ik kwam op eerste kerstdag 2007 om half twee 's nachts in Amritapuri aan. Ik kreeg een kamer in de tempel en ging om twee uur naar bed. Ik had Amma nooit eerder ontmoet, maar die nacht droomde ik dat ik haar darshan kreeg. Het was levensecht. Ze heette me welkom en verbond haar hart met het mijne. Ze gaf me een advies, dat ik me nog steeds herinner, en terwijl ze me vasthield, werd ik wakker

Het was vijf uur 's morgens. De archana, het reciteren van de duizend namen van de Goddelijke Moeder, was begonnen. Mantra's weerklonken overal in de ashram. Ik kon de mannen in de darshanhal horen reciteren en de vrouwen in de tempel. Ik sprong uit bed en liep de trap af.

Het was Kerstmis in Amritapuri en ik voelde me als een kind in een speeltuin. De hele plaats leek betoverd. Ik had slechts drie uur geslapen, maar ik was vol energie en opwinding. Ik kreeg mijn eerste darshan en het was de meest magische kerst in mijn leven.

De nacht erop kon ik niet slapen. Ik was klaarwakker en om drie uur 's nachts liep ik nog steeds in de ashram rond. Toen ik naar het podium liep, dat nu helemaal afgesloten was, kon ik muziek horen. Daarom opende ik de deur om te zien wat er gebeurde. Daar zat Amma, met een groepje mensen om zich heen, bhajans te oefenen.

Ik ging bij dit zeer intieme bhajantafereel zitten. Amma zong telkens weer hetzelfde lied. Het klonk als een slaapliedje. Ik begon in slaap te sukkelen, toen ik wakker gemaakt werd door een zeer stevige tik op mijn schouder. Iedereen keek naar me, ook de Goddelijke Moeder. Amma keek me recht in mijn ogen en zei met klem: "Word wakker, mijn zoon, word wakker." De betekenis van haar woorden ontging me niet.

Voordat ik Amma ontmoette, had ik alles wat ik wilde: een mooie vriendin, een luxeappartement, een auto, een leren bank, HD-tv. Ik vond mijn werk leuk.

Kiezen voor het licht

Ik woonde in een mooie stad en ik had een geweldige hond. Ik leefde voor mijn plezier, gebruikte soms wat drugs en was op zoek naar wat ik dacht dat geluk was. Ik had alle luxe, maar niets van de voldoening waar ik diep van binnen naar zocht.

Na die kerst ging ik terug naar het Westen en pakte mijn oude leventje weer op. Ik groeide steeds meer naar Amma toe, bezocht haar wanneer ik kon en deed af en toe wat spirituele oefeningen, maar verder bleef alles bij het oude.

Een paar jaar later verscheen Amma weer in een droom. In de ene hand stond ik, naast mijn vriendin en we hadden een kind. In de andere hand zat ik in haar handpalm in lotushouding te mediteren, helemaal omgeven door licht. Amma keek naar me en zei: "KIES." De kracht van haar woorden maakte me wakker.

De boodschap was duidelijk: wil je een gezinsleven, huisje-boompje-beestje, of wil je door goddelijk licht omgeven worden? Ik verliet mijn vriendin, verkocht mijn appartement en verhuisde naar India.

De jaren die daarop volgden, zijn de meest ongelooflijke van mijn leven: bij Amma zijn, met haar rondreizen, omgaan met mensen die vol devotie zijn.

Ik voel me verbonden met mijn echte Zelf, met wie ik werkelijk ben, voorbij het ego.

Ik ben altijd een vrolijk iemand geweest, een genotzoeker, maar in het verleden was mijn geluk altijd gebaseerd op uiterlijke dingen: de reusachtige tv, de poenige auto, de mooie vriendin. Nu voel ik deze diepe blijheid in mezelf. Die is er altijd. Het is een aanwezigheid, een diepe voldoening waarvoor ik niets anders hoef te zoeken dan wat al in me is.

De meeste mensen weten niet hoe en waar ze echt geluk moeten vinden. Net als zij zocht ik mijn geluk in uiterlijke zaken, maar uiteindelijk bleef ik altijd met een leeg gevoel achter, verdrietig en ontevreden met het leven. Ik was niet gelukkig met wie ik was.

Nu is mijn hele leven 'prasad van de goeroe' geworden. Wat ik ook meemaak, de pieken en de dalen, het voelt allemaal als een geschenk. Voor het eerst voel ik me op mijn gemak wanneer ik alleen ben. Ik zoek alleen nog maar God. Zij is degene naar wie ik al die tijd verlangd heb.

Ik voel dat het helemaal Gods genade is dat ik besta. Iedere dag ben ik dankbaar om op te staan. Voor het eerst in mijn leven ben ik helemaal tevreden. Het is verbazingwekkend om me zo te voelen, om blij te zijn eenvoudig omdat ik leef.

Als Amma volgelingen ziet die de nadelen van het materialisme echt doorzien, schitteren haar ogen van trots. "Mijn kinderen hebben hun ketenen verbroken. Ze willen gewoon onbaatzuchtig voor anderen werken. Daarvoor krijgen ze de grootst voorstelbare rijkdom: innerlijke vrede."

Het is opwindend te weten dat je de verleidingen van maya (illusie) kunt overwinnen. Maya bekoort ons zo lieflijk met materiële luxe, naam en faam, maar wanneer we aan haar verleidingen toegeven, keert ze ons wreed de rug toe en boeit ons in ketenen van ellende.

Het is belangrijk om je dharma te vervullen en verantwoordelijk te zijn voor je werk en gezin, maar vergeet niet dat deze dingen je nooit blijvend gelukkig kunnen maken. De samenleving oefent druk uit op jonge mensen om te trouwen en kinderen te krijgen en doet hen geloven dat hun leven daarna perfect zal zijn. Maar wanneer echtparen gebrek aan volwassenheid en geduld hebben, maken ze ruzie, voelen ze zich ellendig en gaan uit elkaar, waardoor hun gezin uiteenvalt.

De kinderen groeien dan op en herhalen het gedrag dat ze van hun ouders geleerd hebben. De cyclus gaat eindeloos door. De perfecte droom die wij zoeken, bestaat niet in deze wereld.

Het doet er niet toe of we voor een ashramleven of een gezinsleven kiezen. Voor allebei geldt dezelfde waarheid: alleen een leven dat geworteld is in een goed stelsel van waarden, geeft de voldoening waarnaar we verlangen. Alleen als we leren volgens hogere principes te leven, kunnen we echte vervulling ervaren.

Hoofdstuk 16

Echte yoga

*De wond is de plaats waar het
licht naar binnenkomt.*

– *Rumi*

Ik stond op mijn balkon een sigaret te roken, toen het plotseling instortte. In één seconde viel het leven letterlijk onder mij vandaan.

Ik was erg succesvol. Ik was een alleenstaande moeder en had een zeer goed inkomen. Mijn leven was zinvol en vol genade, maar ik had een afkeer van spirituele oefeningen en onderricht.

Toen ineens bevond ik me op de orthopedische afdeling van een ziekenhuis. Een dokter stond naast mijn bed en toonde me een hele berg röntgenfoto's: een bekken dat op meerdere plekken gebroken was, een gebroken heiligbeen, meerdere verwondingen aan het ruggenmerg. Mijn handen waren gebroken, mijn voeten waren gebroken. Mijn perfecte leven was gebroken.

Een gebroken rug blijft een gebroken rug, wat de artsen ook mogen beweren. Ik had een zeldzame, zeer pijnlijke verwonding aan het ruggenmerg bij het heiligbeen. Het was zo ernstig dat ik begon te stuiptrekken als iemand de rand van mijn bed slechts licht aanraakte.

Vóór het ongeluk was ik nogal gesloten, ik hield mensen op afstand. Per slot van rekening was ik de strategische adviseur van een grote, belangrijke onderneming. Maar in één klap had deze hoogvlieger een noodlanding in de werkelijkheid gemaakt.

Om te overleven moest ik mezelf dwingen mijn hart te openen voor alle verplegers en het ziekenhuispersoneel. Of ze me pijn deden of niet, al het geld in de wereld veranderde daar niets aan. Geen enkele strategie zou mij een betere verpleger geven.

Mijn herstel leek hopeloos. Ik had continu pijn en kon me niet bewegen, wat de artsen ook deden.

Uiteindelijk besefte ik dat ik een klein beetje kon bewegen als ik erg stil, rustig en onthecht was. De enige manier om dit te doen was het ritme van mijn ademhaling veranderen. Als ik langzamer ademde,

Echte yoga

kon ik mijn lichaam tot rust brengen en de pijn verminderen.

Als ik zo bewust bezig was en mijn adem stuurde, reageerde mijn lichaam. Ik verzon zelf een paar kleine ademhalingsoefeningen. Als ik die deed, kon ik mijn tenen voelen. Als mijn concentratie (dharana, op één punt gericht zijn), verbroken werd, kwam de pijn onmiddellijk terug.

Omdat ik niet van plan was om de rest van mijn leven in een ziekenhuisbed te liggen of in een rolstoel te zitten, begon ik meerdere keren per dag oefeningen te doen die ik zelf bedacht had. De resultaten waren opmerkelijk: ik begon ongelooflijk snel te herstellen.

Hoe meer het personeel mijn toewijding zag, des te meer probeerden ze me te helpen. Toen mensen op de afdeling zagen dat mijn oefeningen werkten, vroegen ze: "Hé, wat doe je? Kunnen wij dat ook doen?" Al snel was de hele afdeling bezig met ademhalingsoefeningen en lichaamsbewegingen. We leerden om onszelf te genezen.

Er lag een vrouw op onze afdeling, een zeer mooie zwarte vrouw, uit de lagere middenklasse. Ze had een gipskorset om. Haar gezin, inclusief al haar kleine kinderen, bezocht haar iedere dag. Dit was

Zuid-Afrika: vanwege de geschiedenis en politieke achtergrond van ons land, was ik me extra bewust van haar lijden. Een vrachtwagen had haar op het werk aangereden. Ze had net haar vierde ruggenmergoperatie ondergaan om de beschadiging te herstellen. Het gezin had zich diep in de schulden moeten steken.

De verplegers leken onverschillig tegenover haar en ik snapte niet waarom. Toen ik het vroeg, zeiden ze me dat ze gehoord hadden dat haar gezin ermee instemde dat zij moedwillig de instructies van de dokter negeerde en zich zo verlamde. Alleen dan zouden de kosten van haar behandeling vergoed worden door de ziektekostenverzekering.

Ik was geschokt dat in een ontwikkeld land, in een ultramodern ziekenhuis, een vrouw er met opzet voor koos om verlamd te worden, om te voorkomen dat ze door de medische rekeningen financieel geruïneerd zou worden.

Op dat moment besloot ik dat ik mensen in haar situatie zou gaan helpen. Ik kon toen niet meteen helpen, omdat allebei mijn handen nog gebroken waren, maar ik was vastbesloten iets te gaan doen. Een maand later werd ik uit het ziekenhuis ontslagen. Ik liep nog steeds niet goed en moest veel rusten, maar ik kon op krukken lopen. Ik ging ook door met de oefeningen die ik in mijn ziekenhuisbed gedaan had.

Bij deze oefeningen luisterde ik heel goed naar mijn lichaam en deed yoga-asana's (ik hoorde pas later dat het yoga-asana's waren). Ik gleed zelfs naar de rand van mijn bed om een schouderstand te doen. Ik wist niet dat dit yoga was, ik wist alleen dat deze oefeningen hielpen.

Ik probeerde iedere massage en iedere zogenaamde 'healing' die ik kon vinden, maar zodra ik met mijn waslijst van verwondingen begon: "Mijn bekken is op vijf plaatsen gebroken, mijn heiligbeen is gebroken, mijn elleboog is..." zeiden ze: "Bel ons over een jaar nog maar eens."

Pas toen besefte ik hoe buitengewoon moeilijk het is om iemand te vinden die bereid is degenen te helpen die het het meeste nodig hebben. Er is werkelijk bevlogenheid nodig om, in plaats van een huisvrouw die een beetje een stijve nek heeft, iemand te masseren van wie de onderste ledematen verlamd zijn, of iemand die chemotherapie ondergaat.

Nadat ik 64 verschillende genezers opgebeld had, vond ik uiteindelijk een therapeut die wilde komen om me iedere drie dagen een massage te geven. Hij bracht zelfs een inversietafel voor me mee, die ik kon lenen.

Een licht in de duisternis

Ik begon met een hele serie inversie-oefeningen en synchroniseerde ze met de ademhalings- en bewegingsoefeningen, die ik al eerder gedaan had. Binnen zes maanden kon ik weer lopen en autorijden en ik kon zelfs weer met het vliegtuig mee. Maar toch, als ik mijn concentratie zelfs maar voor een zeer korte tijd verloor, kwam de pijn terug.

Toen ik me eindelijk goed genoeg voelde, besloot ik naar de kapper te gaan. Ik had het uitgesteld, omdat het pijn deed om lang te zitten. De kapster gaf me een kaartje met 'YOGA' erop. Ik dacht: "Waarom niet?" Ik moest grijnzen bij het idee van een stel ronddansende hippies. Volgens mij kon het geen kwaad.

De lerares aan de telefoon moest lachen toen ik haar over al mijn verwondingen vertelde: "Nee, je kunt niet aan mijn cursus deelnemen, maar er is een leraar in genezende yogatherapie in een ashram vlakbij."

Die yogatherapie werd mijn nieuwe thuis. Toen ik mijn lichaamsbewustzijn en ademoefeningen uitlegde, zei de leraar enthousiast "O, maar dat *is* yoga! Je hebt de hele tijd yoga gedaan!" Ik ging twee jaar lang drie keer per week naar de therapie en het gaf me de kracht om mijn verandering te accepteren.

Echte yoga

Toen ik genezen was, besloot ik alles wat ik bezat te verkopen en het geld te gebruiken om een liefdadigheidsorganisatie op te zetten. Het moest een centrum voor ayurveda en yogatherapie worden voor mensen met ernstige handicaps en verwondingen. Het heette Brave (dapper).

Ik wilde dat Brave een plek werd waar iedereen kon komen, waar mensen een kleine donatie konden geven of helemaal niets; het maakte niet uit wat ze gaven. Bij Brave mocht gebrek aan geld het genezingsproces niet in de weg staan.

Toen kwam er een volgeling van Amma naar Zuid-Afrika en gaf een satsang (spirituele lezing) voor mijn gemeenschap. We keken naar de video 'Embracing the World'. Om eerlijk te zijn, ik herinner me het gedeelte over darshan niet. Ik was helemaal gefascineerd door het grote aantal charitatieve instellingen dat Amma leidt. Toen ik de video gezien had, dacht ik: "Okay! Dit is het! Als Amma al deze charitatieve instellingen kan leiden, dan moet ik wel een kleine organisatie als deze kunnen leiden!" Ik was helemaal geïnspireerd.

In de tijd dat ik Brave oprichtte, maakte mijn zoon zijn middelbare school af. Ik beloofde hem als examencadeau mee te nemen naar India. Ik wilde

Een licht in de duisternis

Amma ontmoeten en zien wat ik kon leren over het leiden van mijn organisatie.

We kwamen in Amritapuri aan en daar was Amma. Ik wist niet helemaal hoe ermee om te gaan.

De eerste keer dat ik naar haar toe ging, had ik geen verwachtingen over Amma's darshan. Ik was daar alleen maar om te leren mensen te helpen. Maar toen ik opkeek en Amma voor het eerst darshan zag geven, spoelde er een golf van puur verdriet en pijn over me heen. Ik kon de pijn voelen van al die duizenden mensen. Ik barstte in tranen uit en kon niet ophouden met huilen.

We kochten bloemenkransen en gingen in de darshanrij zitten. Naarmate de rij steeds dichter naar Amma schoof, veranderde de pijn die ik gevoeld had in licht, in gelukzaligheid. Het was hemels.

Toen ik eindelijk voor Amma zat, kon ik geen woord zeggen. In plaats daarvan vroeg ik haar in gedachten: "Help mij om de mensen die lijden te helpen." Toen mijn zoon en ik het podium afliepen, vroeg een brahmachari die daar stond: "Bent u de leraar van genezende yogatherapie?" Ik had tegen niemand een woord over mijn werk gezegd. "Kom alstublieft met me mee. Er is iemand met Parkinson die uw hulp nodig heeft."

Echte yoga

Een paar dagen later besloot ik op pelgrimstocht te gaan om de hoofdvestiging van mijn yogacentrum te bezoeken. En dus vertrokken we. We kwamen aan en voelden ons op ons gemak. Die eerste nacht had ik een krachtige droom. Ik hoorde de bulderende lach van de swami die deze yogaschool had opgericht. Hij was al vele jaren geleden heengegaan. Toen hoorde ik Amma ook lachen. Ik zag dat ze allebei naar me keken, hun gezichten naast elkaar. Swami zei: "Kijk jou eens! Waarom zoek je me hier in een standbeeld, terwijl ik in Amma leef?"

Ik wachtte zelfs niet tot de zon opkwam. Ik wekte mijn zoon en we haastten ons terug naar Amritapuri. Ik besefte toen dat goddelijk licht niet beperkt is tot een bepaalde vorm of situatie. God is in alles.

In mijn genezingscentrum hebben we mensen van allerlei religies, rassen en economische achtergronden. Onze patiënten komen met verschillende soorten verwondingen en ziekten en we helpen elkaar om te genezen. Ondanks alle verschillen zijn we één familie. Het is een smeltkroes, net als Amma's ashram. Overal in ons centrum hangen mooie foto's van Amma. Ongeacht welk geloof ze hebben, alle kinderen komen bijeen om de klank AUM te reciteren.

Toen ik de ashram onlangs bezocht, had ik een grote, ingelijste foto bij me om aan Amma aan te bieden. Op die foto houden mijn patiënten een foto van Amma vast, naast een foto van Nelson Mandela. Amma vond het prachtig. Ik vind dat deze foto heel goed de tijd waarin we nu leven uitbeeldt. Er is zo veel pijn, maar tegelijkertijd worden we overladen met enorm veel genade.

Liefde en anderen dienen is de hoogste vorm van sadhana. Het is het beste wat we ooit kunnen doen. Amma geneest de pijn van de wereld iedere dag opnieuw. Ze inspireert ons om onze talenten te gebruiken om te dienen in plaats van vast te blijven zitten in onze eigen pijn en lijden. Iemand anders helpen is echt de beste manier om onszelf te helpen. Amma probeert ieder van ons te inspireren om onze bijdrage te leveren, op welke eenvoudige manier dan ook.

Hoofdstuk 17

Een doos vol vasana's

*Alles wat ik ben of hoop te zijn, heb ik te
danken aan mijn engel van een moeder.*

— *Abraham Lincoln*

Ik voelde me die zomer echt rot. Mijn negativiteit leek overweldigend. Meestal blijf ik zoveel mogelijk bij Amma uit de buurt wanneer ik me zo voel en hoe erger het wordt, hoe meer ik haar mijd. Ik weet dat negativiteit alleen maar afstand tot God is, maar wanneer ik me zo afsluit, voel ik me echt afschuwelijk en walgelijk. Mijn enige gedachte is dan: "Hoe kan ik iemand benaderen die zo vol licht is en zo prachtig?" Niet dat ik die schoonheid zou kunnen bezoedelen, maar ik schaam me dan gewoon voor mezelf.

Na veel gepieker en getob kreeg ik mezelf eindelijk zover om Amma een vraag te stellen in de hoop dat ze iets aan mijn toestand kon veranderen.

Ik schreef mijn vraag op een stukje papier: *"Moet ik iemand zoeken om mijn hart bij uit te storten als ik door negatieve emoties overmand word? Ik durf niet naar Amma te gaan, omdat iedereen dan alles kan horen."*

Ze trok aan mijn oor en glimlachte lief naar me. "Iedereen heeft dit probleem. Maak je geen zorgen. Stort je hart maar bij Amma uit." Ze citeerde een bhajan waarin staat dat we ons voor de goeroe moeten afpellen zoals we de lagen van een ui afpellen: "Laat me mijn schaamte en jaloezie aan u geven…"

Geïnspireerd door Amma's woorden wilde ik me helemaal aan haar overgeven, met al mijn goede en slechte kanten. Ik wist dat ik mijn hopeloosheid en machteloosheid moest toegeven. Ik wilde haar zeggen: "Ik kan dit niet alleen. Ik heb uw genade nodig."

Ik vond een mooi doosje en besloot al mijn vasana's (negatieve neigingen) in dat doosje te doen. Ik vond kleurige stukjes papier en schreef daar al mijn vasana's op: angst, luiheid, kwaadheid, depressie en hebzucht. Ik had zo nog wel even door kunnen gaan, maar ik dacht dat het beter was om het kort en simpel te houden. Ik wilde niet al te gedetailleerd worden.

Ik vond een doorzichtig plastic zakje, deed de vasana's erin, schreef op de buitenkant: 'Afval' en deed het in het doosje. Ik stopte er ook een klein juwelenkistje bij in. Daarop schreef ik 'Waardevol' om mijn deugdzame eigenschappen te symboliseren. Maar ik kon niet bedenken wat ik daarin moest stoppen en dus liet ik het leeg.

Ik schreef alles in het Malayalam zodat Amma het meteen kon lezen. Op deze manier zou ik de privacy hebben die ik wilde. Ik had geen vertaler nodig en niemand behalve Amma zou het zien.

Mijn gebed was heel simpel en ik herhaalde het voortdurend toen ik me voorbereidde op de darshan: "Alstublieft Amma, haal het afval eruit."

Ik liet Amma de doos zien en zei, zo goed als ik kon in het Malayalam: "Amma, dit is een doos met mijn vasana's." Een voor een las ze elke vasana hardop en stopte elk papiertje weer zorgvuldig terug in de doos. Daarna haalde ze ze allemaal weer tevoorschijn en las elke vasana opnieuw hardop voor. "Je bent er een paar vergeten," zei ze peinzend. "Jaloezie, rivaliteit en lust."

Toen opende ze het kistje met 'Waardevol', keek er even in en zei: "Ach, kind toch!" en lachte. Ze gaf me de doos terug. "Nou ja, ze zijn in ieder geval gezegend," zuchtte ik. Ik had gehoopt dat Amma ze zou houden.

Die avond vlogen we terug naar India. Amma zat bij ons toen we in de terminal wachtten. Ik zat een beetje achteraf. Plotseling draaide ze zich om en keek me recht aan. Ze gaf me een prachtige glimlach, de mooiste glimlach die ik ooit gezien heb. Ze leek zo blij met me, zo gelukkig, en begon over de vasanadoos. "Deze jongen heeft me een vasanadoos gegeven!" kondigde ze luid aan en opnieuw noemde ze elke vasana die ik voor haar opgeschreven had. Ze lachte: "Er zat ook een kistje met 'Waardevol' in, maar dat was leeg."

Ik was diep onder de indruk. Alsof ik in trance was, stond ik op, stapte over (of misschien op) zes of zeven mensen om dichter bij Amma te komen. Ik ging aan haar voeten zitten (en half op iemands schoot) "Heb je het bij je?" vroeg Amma. "Ik wil het zien."

Ik zei haar dat ik de doos niet in mijn handbagage had zitten, maar dat ik hem zou geven zodra we in Amritapuri aankwamen.

Ik voegde de extra vasana's toe die Amma genoemd had en bracht de doos naar haar kamer. Toen ik hem aan haar persoonlijke verzorgster gaf, verwachtte ik niet dat Amma er weer naar zou kijken; Amma krijgt iedere dag zoveel! Maar ik voelde me wel enorm opgelucht, alsof ik mijn vasana's aan God gegeven had. "Okay, het is voorbij," zei ik tegen mijzelf.

Maar het was niet voorbij. Toen Amma die avond voor de bhajans kwam, zag ik dat ze iets vreemds in haar handen hield, maar ik kon niet goed zien wat het was. Ik probeerde uit alle macht te zien wat het was. "Nee, dit is niet mogelijk," dacht ik, "dat is toch niet…" Maar daar stond ze, met mijn vasanadoos, voor het oog van de hele ashram, duizenden mensen!

Amma riep in de microfoon: "Van wie is deze doos?" Ik wilde me het liefst onder de tafel verstoppen, maar stak ten slotte bedeesd mijn hand omhoog.

Ze vertelde de hele ashram: "Dit is een vasanadoos. Deze jongen heeft me een vasanadoos gegeven." Alle ogen keerden zich naar mij toen ze al mijn vasana's een voor een in de microfoon voorlas.

Na de bhajans rende ik naar Amma's kamer om haar daar op te wachten, voor het geval ze met me wilde praten. Ze stopte en keek me aan. Toen zei ze enthousiast tegen de mensen om ons heen: "Dit is de jongen die me een vasanadoos heeft gegeven! Hij heeft me een doos vol vasana's gegeven!"

De volgende dag tijdens de darshan moest ik even naar het podium om iemand iets over mijn seva te vragen. Amma zag me en riep me bij zich. Ze was net zo enthousiast als de vorige dag: "O, dit is de jongen die me die vasanadoos heeft gegeven!" Ze vertelde iedereen om haar heen alles over mijn vasanadoos en somde uiterst nauwgezet alle vasana's op die erin zaten.

Ik had minstens zes gesprekken met Amma over die doos en elke ontmoeting bracht me dichter bij haar.

Maar daar eindigde het niet mee. De vasanadoos was beroemd geworden. Hij werd ter sprake gebracht in de cursus over de geschriften in de ashram, in een artikel en foto op Amma's website, hij werd vertoond op Amma's Facebookpagina en in een artikel in het tijdschrift Matruvani. De ironie is natuurlijk dat dit allemaal begon omdat ik te verlegen was om naar Amma te gaan; ik wilde immers niet dat iemand mijn problemen wist.

Ik kan het gevoel dat ik had toen ik Amma de doos zag vasthouden, niet precies beschrijven. Het was hartveroverend, erg intiem. Het voelde alsof het Amma's 'meeneemdag' was: alsof ze me had meegenomen naar school en me trots aan alle kinderen in haar klas mocht laten zien.

Een doos vol vasana's

Het mooiste van alles was hoe grappig ze het allemaal maakte. Maar al te vaak voel ik me als een enorme ramp, als één grote, vreselijke tragedie. Maar op haar vriendelijke en ongekunstelde manier nam ze al mijn angsten, al mijn negatieve gedachten weg en maakte er een grote, geweldige grap van. Met haar warme humor nam ze mijn schaamte weg.

Met onze vasana's omgaan kan uiterst moeilijk zijn. Soms lijken we niet te veranderen, hoe hard we er ook aan werken. Maar als we leren voorbij onze schaamte te gaan en onze negatieve gedachten aan de voeten van de goeroe leggen, kunnen onze subtiele vasana's weggevaagd worden. Het vergt echter vreselijk veel inspanning en doorzettingsvermogen om dit te kunnen.

We hebben allemaal fouten en slechte gewoonten, maar we moeten ons daardoor niet laten verlammen. Amma zegt: "Je kunt nooit vrienden met je geest worden. Hij zal altijd je vijand zijn en zal altijd proberen je naar beneden te trekken. Probeer controle te krijgen over je gedachten, ook al moet je het pretenderen."

Een licht in de duisternis

We verspillen zoveel tijd aan het piekeren over negatieve dingen. In plaats daarvan moeten we onze verbeelding op een positieve manier gebruiken door ons in te beelden dat er iets goeds gaat gebeuren (maar pas op dat je je verwachtingen onder controle houdt!). Een enkele positieve gedachte kan ons uit die negatieve neerwaartse spiraal halen.

Toen we een paar jaar geleden op Indiatour waren, voegde een jongeman die Amma net ontmoet had, zich bij de pelgrimstocht. Een van de hoogtepunten van de Indiase tour is als Amma het avondeten als prasad opdient. Er worden altijd tweede porties doorgegeven voor degenen die nog honger hebben. Het is de bedoeling dat je een of twee chapatti's (of wat er dan ook doorgegeven wordt) neemt en de rest aan de anderen doorgeeft.

Maar toen er een bord met een enorme stapel chapatti's bij deze jongeman kwam, dacht hij dat het allemaal voor hem was. Hij at die avond wel zo'n veertig chapatti's! Hij at en at totdat hij bijna niet meer overeind kon komen.

Amma sloeg hem nauwlettend gade en toen hij klaar was, riep ze hem bij zich. Ze vertelde hem dat er in de Vedische geschriften een demon was die Bagan heette. Deze demon was zo vraatzuchtig dat hij hele dorpen opvrat: koeien, honden en zelfs mensen. Amma zei dat ze nooit geloofd had dat die verhalen waar waren, totdat ze hem ontmoette. Nu wist ze dat het echt mogelijk was. Iedereen lachte, vooral hij.

Hij vertelde me naderhand dat hij helemaal in de zevende hemel was door die ervaring. Hij voelde zich als een jong hondje dat zich koesterde in Amma's goedaardige geplaag. Op dat moment voelde hij zich helemaal bemind, gezien en geaccepteerd door haar en de mensen om haar heen.

Iedereen heeft verlangens. Het is niet iets om je voor te schamen. Maar wanneer we besluiten dat het tijd is om een hoger doel na te streven, verliezen die voortdurend aanwezige verlangens hun grip op ons. Als we besluiten een bewuste poging te doen om een positieve richting op te gaan, komt er een stroom van genade vrij.

Als we zelfs maar een kleine poging doen om de negatieve gedachten die ons kooien, onder controle te krijgen en de juiste stap nemen, zal Amma's genade ons optillen en de rest van de weg dragen.

Hoofdstuk 18

Vrede vinden

Dans, als bijna bezwijkt.
Dans, als je je ketenen afgeworpen hebt.
Dans midden in het gevecht.
Dans in je eigen bloed.
Dans als je werkelijk vrij bent.

– *Rumi*

Voordat ik Amma ontmoette, was ik alleen maar op zoek naar spanning en sensatie. Ik hunkerde naar die ultieme adrenalinestoot… wanneer je meer dan ooit voelt dat je leeft; wanneer je hart zo snel klopt dat het niet meer bij te houden is; wanneer je bloed zo snel als het maar kan rondstroomt; *het gevoel dat je werkelijk op-en-top leeft*.

Ik bekommerde me om niets en niemand. Mijn leven was alleen maar gericht op de kick, de opwinding van op het randje leven. Na het skydiven sliep ik drie dagen niet, omdat ik nog steeds high was.

Als ik surfte op golven van vijf meter hoog, had ik het gevoel dat ik God was die over het water liep. Als ik ging rotsklimmen, voelde ik pas echt goed hoe high – in beide betekenissen van het woord – ik was.

Ik ging surfen, skydiven en rotsklimmen en ik was altijd stoned. Echt waar. Wanneer ik met extreme sport bezig was, wist ik soms niet meer of ik nou nuchter was of niet.

Ik werkte twee avonden per week, op vrijdag en zaterdag, in een bar in de buurt. Ik was barkeeper en verdiende bakken met geld. Ik had mijn eigen specialiteit: ik haalde allerlei stunts uit, speelde met vuur. Ik gooide dan alcohol over de toog en zette de bar letterlijk in brand. Dat was mijn 'dagelijkse werk', de rest van mijn tijd besteedde ik aan het zoeken van de ultieme kicks.

Ik werd meestal zo rond het middaguur wakker, dronk koffie, rookte een joint, pakte de telefoon en belde mijn beste vriend: "Hé makker, wat gaan we doen vandaag?"

Ik was echt geen goed mens en spiritualiteit stond mijlenver van me vandaan. Ik leefde aan de schaduwzijde van het leven en was niet van plan om ooit volwassen te worden

Toen ontmoette ik mijn vrouw.

Vrede vinden

Toen we elkaar leerden kennen, bezocht ik het huis van haar ouders. Het eerste wat ik opmerkte was een foto die aan de muur hing, een foto van een paar blote voeten, de voeten van een Indiase vrouw.

Bij dit gezin stonden geen meubels in de woonkamer. In plaats daarvan lagen er overal kussens op de vloer. Ik dacht: "O nee, waar ben ik aan begonnen met dit meisje?" Maar tegelijkertijd was ik helemaal door die voeten gefascineerd. Ik vroeg mijn vriendin van wie die voeten waren, wat voor iemand die dame was en, ook heel belangrijk, waarom ze geen meubels hadden.

Eerst aarzelde ze om mij over Amma te vertellen, maar uiteindelijk gaf ze toe. Ze nodigde me uit voor de satsang in hun huis en ik ging er dat weekend heen. Toen ik kwam, was de kamer afgeladen vol. Iedereen zat dicht op elkaar op de kussens, die overal verspreid op de vloer lagen.

Haar stiefvader speelde de drums (eigenlijk waren het tabla's) en haar moeder het keyboard (het was een harmonium, maar dat wist ik toen niet). Ze zongen Indiase liederen, maar ik kon niet meezingen omdat ik niet wist hoe ik de woorden uit moest spreken. Als ik er nu aan terugdenk, realiseer ik me hoe lang geleden dat is en hoeveel er veranderd is.

Ze deden die avond arati en zwaaiden met brandende kamfer rondom Amma's foto. Ik vond het grappig toen het rookalarm afging.

Later die week vroeg ik mijn vriendin of ik Amma kon ontmoeten.

We konden goedkope vliegtuigtickets krijgen en een aantal weken later waren we bij Amma's programma in Toronto. Er waren verschrikkelijk veel mensen, overal zag je mensen. Iedereen wachtte op een omhelzing van Amma. Ik dacht: "Wow, deze vrouw kan vandaag echt niet iedereen een omhelzing geven." Het was Devi Bhava en uiteraard, het lukte haar wel.

Iemand vroeg me of ik seva zou willen doen. Ik wist niet eens wat het woord betekende, maar ik dacht: "Okay, ik help een handje. Waarom niet?" Hij vroeg me om het heilige water dat Amma gezegend had, uit te delen. Omdat ik barkeeper was, dacht ik: "Ik kan wel een dienblad met water dragen. Geen probleem." Ik besefte niet dat het blad helemaal vol zou staan met kleine plastic potjes die allemaal tot het randje toe gevuld waren met heilig water. En er zaten geen dekseltjes op.

De man die verantwoordelijk was, vroeg me om het blad naar de mensen die buiten zaten, te brengen.

Ik liep naar buiten en mijn mond viel open. Buiten op het parkeerterrein zaten vele duizenden mensen te wachten. Ze keken allemaal naar Amma, live op reusachtige schermen.

Ik werd zowat bestormd. Zodra men wist dat ik een blad met heilig water had, renden honderden mensen op me af. Een uur lang liep ik heen en weer en deelde water uit totdat iedereen voorzien was.

Toen ik op Amma's darshan wachtte, keek ik wat rond in de zaal. Uiteindelijk, na negen uur (!) wachten, werd mijn tokennummer geroepen. Ik liep naar het podium en knielde voor haar. Ze glimlachte en trok mij naar zich toe. Ik begreep niet wat ze zei, maar ze sprak in mijn oor en gaf me twee chocolatjes en een rozenblaadje. Toen ik opstond, vroeg ik de vertaler wat Amma gezegd had. Hij antwoordde: "Amma zegt dat je een mantra nodig hebt."

Ik wist niet wat een mantra was, maar ik geloofde Amma onmiddellijk. Ze zei me dat ik naast haar moest gaan zitten. Ik zat daar twee uur.

Toen ze de mantra in mijn oor fluisterde, op dat moment maakte mijn ziel een omslag.

Het is een langzaam proces geweest dat vele jaren duurde, maar iedere keer als ik Amma zie, verandert er iets: mijn kijk op goed en kwaad, mijn waarden, alles is veranderd. Ik werd iemand met een doel, iemand die ergens voor wil leven, die anderen wil helpen, die een verschil wil maken in de wereld. (Soms doe ik zelfs de afwas.)

Voordat ik Amma ontmoette, was mijn eerste gedachte als ik 's morgens opstond: *Ik moet gaan skydiven!* Ik voelde geen enkele verantwoordelijkheid voor wat dan ook en gaf om niemand.

Wanneer ik nu wakker word, is mijn eerste gedachte: "Amma." Ik zoek nog steeds opwinding en sensatie, maar nu krijg ik die van Amma. Mijn opwinding komt van het kijken naar Amma die darshan geeft, van meditatie, van seva doen. Ik heb geen andere sensatie of kick meer nodig. Mijn leven is eindelijk compleet. Ik voel meer dan ooit dat ik werkelijk leef.

Tien jaar later: ik ben getrouwd, we hebben een zoon en ik heb mijn eigen zaak. Ik had me nooit voor kunnen stellen dat mijn leven zo zou kunnen zijn. Niets ervan zou zonder Amma mogelijk geweest zijn.

Amma heeft mij veranderd.

Iedere zondag sinds die allereerste darshan heb ik als vrijwilliger gewerkt in een centrum voor daklozen. Het is mijn manier van naar de kerk gaan, mijn manier om Amma mijn dankbaarheid te tonen en iets terug te geven. We maken boterhammen, soep en toetjes. Ik neem mijn zoon altijd mee. Hij doet al seva sinds hij een baby is. Ik leer hem wat belangrijk is in het leven: om van anderen te houden en voor hen te zorgen en hen te dienen.

Soms komt mijn vriend ook, degene die ik twintig jaar lang iedere morgen opbelde. Hij staat in de rij met alle andere daklozen, bibbert van de kou en wacht op die ene warme maaltijd. Ik glimlach altijd een beetje verdrietig naar hem, als ik hem zie. "Hé makker," zeg ik dan, "hier is je sandwich." Het is de enige manier waarop ik hem kan helpen. Hij heeft alles verloren in zijn zoektocht naar die ultieme sensatie. Alles: zijn vrouw, zijn gezin en zijn huis.

En ik? Ik heb de ultieme sensatie gevonden, en zij heeft me gered.

Alleen al Amma's aanraking heeft de kracht om ons op een diepgaande, helende reis te sturen. Dankzij haar mededogen en het oprechte vertrouwen dat mensen in haar hebben, kan Amma als katalysator werken,

waardoor opmerkelijke verhalen over verandering overal om haar heen opkomen.

Amma trekt ons op ontelbare manieren dicht naar zich toe. Ze verzacht ons hart en herinnert ons eraan hoe we echt mens kunnen zijn. Door haar genade, wijsheid en oneindige geduld gaan we langzaam maar zeker begrijpen wat ze ons wil leren: dat we allemaal de belichaming van zuivere liefde en het Hoogste Bewustzijn zijn.

Er is een verhaal over twee leerlingen dat Amma vaak vertelt: twee mannen reizen naar een dorp om fruit en groente voor hun goeroe te kopen. Als ze terugkomen, zitten ze onder de blauwe plekken. Bezorgd vraagt de goeroe: "Wat is er gebeurd?"

De ene man wijst naar de ander en antwoordt: "Hij schold mij uit voor aap."

De goeroe zucht: "Ik vertel jullie al meer dan twintig jaar dat jullie de belichaming van het Hoogste Bewustzijn zijn, maar ondanks al mijn inspanningen geloven jullie me nooit. En dan noemt hij je slechts een keer een aap en moet je zien wat er gebeurt!"

Maar al te vaak gedragen wij ons als de mannen in dit verhaaltje. We hebben de hele schepping in ons, maar in plaats van goddelijk licht uit te stralen, verbergen we ons in onze eigen schaduw.

Amma haalt ons uit de schaduw en leidt ons van de duisternis naar het licht. Ze ontsteekt de vonk van liefde in ons hart. Amma geeft ons hoop wanneer we wanhopig zijn en licht als de duisternis ons zicht verhindert. Ze heelt de ongeneeslijk zieken en verzacht het lijden van velen. Met Amma's genade wordt het onmogelijke mogelijk en een gewoon leven verandert in liefde.

Maar al te vaak zoeken we buiten onszelf naar geluk en vergeten dat de echte bron van tevredenheid in ons ligt. We kunnen het goddelijk licht alleen in onszelf vinden, niet in de aantrekkelijke lichtjes van de wereld. Als er positieve energie in ons stroomt, vinden we de kracht om alles aan te kunnen.

Een paar jaar geleden vertelde iemand me een verhaal over Rishi, Amma's jonge hondje. Op een dag ging hij de koeienstal in, op zoek naar een speelkameraadje. De koeien... nou ja, die waren niet in een speelse stemming. Dit overkwam Rishi wel vaker: niemand wilde met hem spelen.

Rishi dartelde vrolijk rond in de stal en hinderde duidelijk alle koeien. Sommige keken alleen bedachtzaam naar hem, terwijl er een of twee klaar leken om hem aan te vallen. Rishi dacht in zijn enthousiaste onschuld dat het een spelletje was. Als honden konden praten, zou Rishi zoiets hebben gezegd als: "Dit is zo leuk! Mijn tantes en zussen willen allemaal met me spelen!"

Hij rende op de koeien af, blafte naar hen en probeerde zo dichtbij te komen dat hij naar hun poten kon happen. De koeien hadden er genoeg van. Ze probeerden hem aan te vallen, maar Rishi had niets in de gaten. Hij was enorm in zijn sas, omdat hij zo'n verschrikkelijk leuk spelletje had ontdekt.

We zouden allemaal net als Rishi met zo'n onschuld door het leven moeten gaan. We hebben de keuze: willen we Rishi zijn of de humeurige koeien? Maak je geen zorgen over wat iedereen denkt; doe wat volgens jou juist is. Kies ervoor om de wereld als een prachtig spel te zien, ondanks de uiterlijke omstandigheden.

Als de mensen om je heen de wereld niet als een prachtig goddelijk spel willen zien, is dat prima. Als jij een houding van ontzag en verwondering houdt, kun je stralen in het huidige moment. Dat is het enige wat we moeten doen: het licht overal om ons heen bewaren, waar we ook heen gaan. Laat je licht stralen en wees gelukkig.

www.ingramcontent.com/pod-product-compliance
Lightning Source LLC
Chambersburg PA
CBHW060154050426
42446CB00013B/2828